Elaboración de un plan de responsabilidad medioambiental y economía circular. CTRT0003

Leyre Sánchez Barrionuevo

ic editorial

Elaboración de un plan de responsabilidad medioambiental y economía circular. CTRT0003
© Leyre Sánchez Barrionuevo

1ª Edición

© IC Editorial, 2025

Editado por: IC Editorial
c/ Cueva de Viera, 2, Local 3
Centro Negocios CADI
29200 Antequera (Málaga)
Teléfono: 952 70 60 04
Fax: 952 84 55 03
Correo electrónico: iceditorial@iceditorial.com
Internet: www.iceditorial.com

ISBN: 978-84-1184-681-3
Depósito Legal: MA 489-2025

Impresión: PODiPrint
Impreso en Andalucía – España

Nota de la editorial: IC Editorial pertenece a Innovación y Cualificación S. L.

Especialidad formativa

Se entiende por especialidad formativa la agrupación de contenidos, competencias profesionales y especificaciones técnicas que responde a un conjunto de actividades de trabajo enmarcadas en una fase del proceso de producción y con funciones afines.

Las especialidades formativas de Uso General, Formación Complementaria, Formación Modular y las especialidades formativas dirigidas a la obtención de certificados de profesionalidad se incluyen en el Fichero de Especialidades del Servicio Público de Empleo Estatal para su gestión en todo el territorio nacional por cualquier Administración competente.

Las especialidades complementarias, pertenecen todas a la Familia profesional de Formación Complementaria (FCO) y tienen la consideración de formación transversal en áreas que se consideran prioritarias tanto en el marco de la Estrategia Europea para el Empleo y del Sistema Nacional de Empleo como en las directrices establecidas por la Unión Europea. Se consideran áreas prioritarias las relativas a tecnologías de la información y la comunicación, la prevención de riesgos laborales, la sensibilización en medio ambiente, la promoción de la igualdad, la orientación profesional y aquellas otras que se establezcan por la Administración competente.

Las especialidades de Certificado de profesionalidad tienen una duración especificada en su normativa reguladora.

En el resultado de la búsqueda, se muestran las unidades de competencia, todos los módulos formativos con su duración y las unidades formativas del certificado correspondiente, con su duración. Las horas del certificado, exclusivo de las especialidades de certificado de profesionalidad, con alta igual o superior a 2008, son las horas totales más las horas del módulo de Prácticas Profesionales no Laborales.

- ➲ **Si la especialidad tiene unidades formativas,** las horas totales, presencial, distancia, teleformación serán igual a la suma de esas horas de las unidades formativas de los distintos módulos, sin que se repita ninguna Unidad formativa.

➲ **Si la especialidad no tiene unidades formativas,** las horas totales, presencial, distancia, teleformación serán igual a las sumas de esas horas de los módulos formativos, eliminando las horas de los módulos repetidos.

https://sede.sepe.gob.es/especialidadesformativas/RXBuscadorEFRED/BusquedaEspecialidades.do

(Fuente: Servicio Público de Empleo Estatal)

Índice

OBJETIVOS GENERALES

Los objetivos generales del **CTRT0003. Elaboración de un plan de responsabilidad medioambiental circular,** son los siguientes:

- ➲ Establecer las principales pautas para la elaboración de un plan de responsabilidad medioambiental y economía circular en las empresas, independientemente de cuál sea su sector y ámbito de actividad.
- ➲ Sentar las bases conceptuales sobre la responsabilidad medioambiental y la economía circular.
- ➲ Llevar a cabo un proceso de reflexión y planificación empresarial con el objetivo de sentar las bases y mostrar los pasos adecuados a seguir para la elaboración de un plan de responsabilidad medioambiental y economía circular en las empresas de cualquier sector que contribuya a avanzar en su transición ecológica y circular.

Introducción a los conceptos más relevantes

Contenido

1. Introducción
2. Definición de la responsabilidad medioambiental en las empresas
3. Descripción de los principios de la economía circular
4. Identificación de otros conceptos importantes
5. Resumen

Objetivos

El objetivo general de esta Unidad de Aprendizaje es:

→ Sentar las bases conceptuales sobre la responsabilidad medioambiental y la economía circular.

Los objetivos específicos de esta Unidad de Aprendizaje son:

→ Comprender la responsabilidad medioambiental.

→ Conocer las leyes y normas ambientales y su aplicación.

→ Entender la economía circular.

→ Manejar conceptos clave de sostenibilidad.

→ Promover la importancia de la sostenibilidad en la empresa.

→ Fomentar una cultura de responsabilidad ecológica.

→ Diagnosticar la situación ambiental de la empresa.

→ Evaluar el impacto ambiental de la empresa.

→ Elaborar el ciclo de vida de un producto.

1. Introducción

En la actualidad, la creciente conciencia sobre el impacto ambiental de las actividades humanas ha impulsado la adopción de prácticas empresariales más responsables y sostenibles. Dos conceptos fundamentales en este contexto son la responsabilidad medioambiental y la economía circular. La responsabilidad medioambiental en las empresas abarca no solo el cumplimiento normativo, sino también la implementación de normas y sistemas de gestión ambiental como EMAS e ISO, que minimizar el impacto ecológico y promover la sostenibilidad.

Para conocer el tema más a fondo, nos centraremos en el caso de EcoSportive, una empresa dedicada a la fabricación de ropa deportiva utilizando materiales sostenibles, como algodón orgánico y fibras recicladas. Su objetivo es liderar la industria textil con prácticas que respeten el medioambiente.

2. Definición de la responsabilidad medioambiental en las empresas

👉 **HILO CONDUCTOR**

Para EcoSportive, la responsabilidad medioambiental va más allá del cumplimiento normativo. Adoptan normas como ISO y EMAS para gestionar y reducir el impacto ambiental de sus procesos de producción, asegurando que cada etapa sea sostenible y responsable.

La creciente preocupación por el estado del medioambiente ha llevado a establecer normativas que definen lo que entendemos por responsabilidad medioambiental.

La Ley 26/2007, del 23 de octubre, sobre Responsabilidad Medioambiental establece un marco administrativo para la prevención, mitigación y reparación de daños medioambientales. Según esta ley, cualquier individuo o entidad, tanto pública como privada, que realice o controle actividades económicas o profesionales que puedan causar daños ambientales o representen una amenaza de causarlos, está obligado a implementar medidas preventivas o de recuperación para restaurar los recursos naturales afectados. Esta ley además tiene como objetivo regular la responsabilidad de los operadores en la prevención, evitación y reparación de daños ambientales, conforme ambientales, conforme al artículo 45 de Constitución y a los principios de prevención.

Algunos de sus **objetivos** principales son:

1
Fortalecer los mecanismos preventivos para evitar accidentes que puedan tener efectos perjudiciales para el medioambiente.

2
Garantizar la reparación de daños ambientales ocasionados por actividades económicas, incluso cuando estas cumplan completamente con la legalidad y se hayan implementado todas las medidas preventivas disponibles.

3
Asegurar que los costos de prevención y reparación de daños ambientales sean asumidos por el operador responsable.

La ley se aplica a los daños actuales y las amenazas inminentes que afecten a las aguas, la ribera del mar y de las rías, el suelo, las especies de flora y fauna silvestres, así como a sus hábitats. Solo aborda los daños ambientales que generen efectos adversos significativos en estos recursos, conforme a los criterios establecidos en la legislación.

 **NOTA**

La responsabilidad medioambiental según la Ley 26/2007 recae sobre el titular de la actividad económica o profesional que haya causado el daño ambiental. Este titular debe cubrir todos los costes asociados a las medidas de prevención, evitación o reparación necesarias.

La ley establece dos tipos de **responsabilidad medioambiental:**

Responsabilidad objetiva e ilimitada
Aplica a todas las actividades enumeradas en el anexo III de la ley. En estos casos, el operador debe adoptar las medidas necesarias.

Responsabilidad subjetiva
Aplica al resto de actividades no incluidas en el anexo III.

 **PARA SABER MÁS**

Puedes consultar la página del Ministerio para la Transición Ecológica y el Reto Demográfico, donde encontrarás preguntas frecuentes sobre responsabilidad ambiental en las empresas, accediendo desde aquí:

https://redirectoronline.com/ctrt00030101

2.1. Breve repaso normativo

La legislación medioambiental es un conjunto de leyes, regulaciones y políticas que tienen como objetivo proteger el medioambiente, conservar los recursos naturales y promover la sostenibilidad. Estas leyes se aplican a nivel nacional, regional y local, y abarcan una amplia gama ámbitos y áreas de competencia.

La legislación ambiental sigue un sistema jerárquico piramidal, donde las normas de cada nivel de autoridad tienen la responsabilidad de cumplir con las regulaciones establecidas por encima de él.

UNIÓN EUROPEA
Comunitaria: directivas, reglamentos y decisiones

ADMINISTRACIÓN DEL ESTADO
Estatal: leyes, reales decretos y órdenes

ADMINISTRACIÓN DE LAS CC. AA..
Autonómica: leyes, decretos y órdenes

AYUNTAMIENTOS
Municipal: ordenanzas municipales

En este esquema, la Unión Europea establece directrices generales que los Estados miembros deben seguir, mientras que los Estados, las comunidades autónomas y los ayuntamientos tienen la capacidad de implementar regulaciones más estrictas dentro de sus respectivas jurisdicciones, adaptándolas a las necesidades locales o regionales.

A continuación, se exponen los niveles jerárquicos de la legislación ambiental, desde el nivel más alto hasta el más bajo:

- ⊃ **Normativa ambiental europea.** La Unión Europea establece directivas y regulaciones que marcan las pautas básicas para la protección del medioambiente en todos los Estados miembros. Estas normativas son de obligatorio cumplimiento para todos los países miembros.
- ⊃ **Normativa ambiental estatal.** El Estado, en este caso España, adapta las directivas y regulaciones de la Unión Europea a su legislación nacional a través de leyes y reglamentos específicos. También puede establecer normativas adicionales para cubrir aspectos específicos o complementar las normativas europeas.

Toda la legislación ambiental parte del artículo 45 de la Constitución española de 1978.

- ■ *Artículo 45*

    1. *Todos tienen el derecho a disfrutar de un medio ambiente adecuado para el desarrollo de la persona, así como el deber de conservarlo.*
    2. *Los poderes públicos velarán por la utilización racional de todos los recursos naturales, con el fin de proteger y mejorar la calidad de la vida y defender y restaurar el medio ambiente, apoyándose en la indispensable solidaridad colectiva.*
    3. *Para quienes violen lo dispuesto en el apartado anterior, en los términos que la ley fije se establecerán sanciones penales o, en su caso, administrativas, así como la obligación de reparar el daño causado*

- **Normativa ambiental autonómica.** Las comunidades autónomas dentro del Estado tienen competencias para legislar sobre cuestiones ambientales dentro de su territorio. La Constitución española establece la competencia de estas en la regulación y en su capacidad de dictar normas con rango de ley mediante sus propios parlamentos. Pueden establecer regulaciones más específicas o más estrictas que las leyes nacionales en áreas donde tienen competencia, como la gestión de recursos naturales o la protección de espacios naturales.
- **Normativa ambiental municipal.** A los ayuntamientos no se les ha atribuido capacidad legislativa, aunque sí potestad reglamentaria. A efectos prácticos no pueden dictar leyes, pero sí regular de qué manera aplicarlas. A través de ordenanzas pueden regular cuestiones ambientales a nivel local, como el tratamiento de residuos, la calidad del aire o la gestión de espacios verdes urbanos.

Algunos de los **ámbitos** principales de competencia en la legislación medioambiental incluyen:

- **Legislación sobre aguas continentales y aguas marinas (calidad del agua).** Normativas para proteger la calidad de los cuerpos de agua, como ríos, lagos y océanos, mediante la regulación de vertidos industriales, agrícolas y municipales, así como la protección de áreas de captación de agua potable.
- **Legislación sobre gestión de residuos.** Legislación relacionada con la gestión y disposición de residuos sólidos, líquidos y peligrosos, que incluye la promoción de la reducción, reutilización y reciclaje de residuos, así como la regulación de vertederos y la eliminación segura de desechos peligrosos. Actualmente está regida por la Ley 7/2022 de residuos y suelos contaminados para una economía circular, ley que determina la principal regulación con carácter general de los residuos en nuestro ordenamiento jurídico.
- **Legislación sobre la conservación de la biodiversidad.** Son leyes encargadas de proteger y conservar la diversidad biológica y los hábitats naturales, la creación y gestión de áreas protegidas, la regulación de la caza y pesca, y la protección de especies en peligro de extinción.
- **Legislación sobre el cambio climático y el impacto ambiental.** Esta legislación establece procedimientos para evaluar los impactos ambientales de proyectos, obras o actividades que puedan tener efectos significativos en el medioambiente, con el fin de evitar o mitigar estos impactos negativos.
  La legislación que protege al cambio climático está abanderada por la Ley 7/2021, de 20 de mayo, de cambio climático y transición energética, la cual se encarga de cumplir de los objetivos del Acuerdo de París, instaurados el 12 de diciembre de 2015: facilitar la descarbonización de

la economía española mediante una transición a un modelo circular y promover la adaptación a los impactos del cambio climático.

⮞ **Legislación sobre la atmósfera.** La legislación por excelencia en materia de contaminación atmosférica y calidad del aire ambiente es la Ley 34/2007, por la que se establece las medidas de prevención, vigilancia y reducción de la contaminación atmosférica.

2.2. Normas y sistemas de gestión ambiental (EMAS, ISO)

En el contexto empresarial, la gestión ambiental implica cumplir con la legislación ambiental vigente, mejorar la protección ambiental y reducir los impactos ambientales de las actividades, servicios y productos. La implementación de políticas ambientales puede ayudar a reducir costos, generar beneficios y diferenciar a la empresa en el mercado.

En el Estado español, una empresa que decida implantar un sistema de gestión ambiental puede optar por dos caminos, que no son excluyentes:

⮞ **Norma ISO 14001:** la norma ISO 14001:2015 es de carácter internacional y está constituida para desarrollar, implementar y mejorar un sistema de gestión ambiental en cualquier tipo de organización.

⮞ **Reglamento europeo EMAS (Sistema Comunitario de Ecogestión y Ecoauditoría):** está establecido en el Reglamento Europeo 1221/2009 y se trata de un sistema más riguroso y exigente específicamente diseñado para empresas y organizaciones que operan dentro de la Unión Europea, que incluye auditorías ambientales obligatorias y la divulgación pública de información sobre el desempeño ambiental.

En resumen, ambas opciones ofrecen herramientas y directrices para que las empresas gestionen sus impactos ambientales de manera efectiva, cada una con sus propias características y beneficios.

Las normas son voluntarias, a diferencia de las leyes, que son de cumplimiento obligatorio y son gestionadas por organismos de normalización como AENOR en España. El propósito de normalización es estandarizar y coordinar varios aspectos de la producción de bienes y servicios, con el objetivo de integrar criterios de calidad, seguridad y protección ambiental.

En la actualidad, existen **normas** que operan en diferentes niveles:

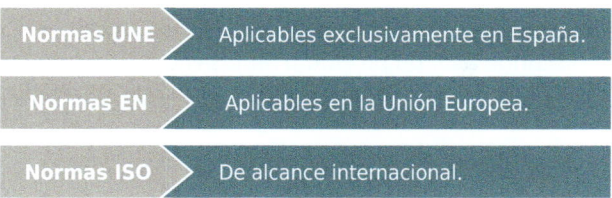

Cuando una norma es reconocida en estos tres ámbitos aparecerán las tres denominaciones, además del número de la norma y su nombre.

 **EJEMPLO**

Ejemplo de denominación
UNE-EN ISO 14001:2004 Sistemas de gestión ambiental. Requisitos con orientación para su uso.

Cuando un sistema de gestión cumple con los requisitos de una norma específica, se considera normalizado. En el ámbito de la calidad, la norma de referencia es la ISO 14001. Al implementar esta norma, una empresa busca gestionar la calidad de sus productos y servicios.

3. Descripción de los principios de la economía circular

👉 **HILO CONDUCTOR**

La empresa EcoSportive se compromete con la economía circular y diseña productos que puedan ser reutilizados o reciclados al final de su vida útil. Por ejemplo, transforman los desechos textiles en nuevos hilos para fabricar nuevas prendas o accesorios.

La economía circular promueve un modelo de producción y consumo en el que se pretende usar un producto tantas veces como sea posible, con el fin de añadir valor. Esto prolonga el ciclo de vida de los productos.

En la práctica, implica minimizar al máximo los residuos.

Economía circular

 **NOTA**

El modelo de economía circular se basa en menos materias primas, menos residuos y menos emisiones.

La economía circular es un marco de soluciones sistémicas que hace frente a desafíos globales como el cambio climático, la pérdida de biodiversidad, los residuos y la contaminación.

3.1. Concepto, definición, principios y evolución

El Parlamento Europeo define la economía circular como un "modelo de producción y consumo que implica compartir, alquilar, reutilizar, reparar, renovar y reciclar materiales y productos existentes". En esencia, la economía circular busca extender la vida útil de los productos.

El concepto de economía circular fue impulsado por Ellen MacArthur, una exdeportista de élite británica. El objetivo es agregar valor a través de las cuatro erres: reducir, reutilizar, reparar y reciclar, tantas veces como sea posible. Para MacArthur, la economía circular es una alternativa que transforma la idea de crecimiento económico y ofrece beneficios a toda la sociedad. Estos beneficios se basan en tres **principios fundamentales:**

- **Eliminar residuos y contaminación desde el diseño.** El primer principio de la economía circular se centra en la prevención de residuos y contaminación desde la fase de diseño de los productos. Esto implica:

  - **Diseño para la sostenibilidad:** crear productos que tengan un menor impacto ambiental a lo largo de su ciclo de vida.
  - **Ecodiseño:** incorporar prácticas de diseño que faciliten la reutilización, reparación y reciclaje.
  - **Innovación en materiales:** desarrollar y utilizar materiales biodegradables o reciclables que reduzcan la generación de residuos y la contaminación.

- **Mantener productos y materiales en uso.** El segundo principio busca maximizar la utilidad de los productos y materiales durante el mayor tiempo posible. Esto se logra a través de varias estrategias:

  - **Reutilización:** promover el uso de productos de segunda mano y reutilizar componentes y materiales en nuevos productos.
  - **Reparación y renovación:** facilitar la reparación de productos para extender su vida útil. Esto incluye el acceso a piezas de repuesto y manuales de reparación.
  - **Compartición y alquiler:** fomentar modelos de negocio que permitan compartir y alquilar productos en lugar de comprarlos, reduciendo así la necesidad de fabricar nuevos productos.
  - **Economía colaborativa:** implementar plataformas que conecten a usuarios con productos y servicios disponibles para compartir o intercambiar.

- **Regenerar sistemas naturales, utilizando recursos naturales de manera eficiente.** El tercer principio se centra en la regeneración de los sistemas naturales y el uso eficiente de los recursos naturales. Esto incluye:

  - **Agricultura regenerativa:** promover prácticas agrícolas que restauren la salud del suelo, aumenten la biodiversidad y mejoren el ciclo del agua.
  - **Uso sostenible de recursos:** gestionar de manera sostenible los recursos naturales, asegurando que la extracción y el uso de recursos renovables no excedan su capacidad de regeneración.

- **Energías renovables:** priorizar el uso de fuentes de energía renovable, como la solar y la eólica.
- **Ciclos cerrados de recursos:** implementar sistemas de reciclaje y compostaje que permitan que los materiales biológicos y técnicos se reintegren al ecosistema o al ciclo productivo sin causar daños al medioambiente.

 **VÍDEO**

Para saber más sobre la economía circular puedes acceder desde aquí a un vídeo:

https://redirectoronline.com/ctrt00030102

- -

Evolución de la economía circular

En marzo de 2020, la Comisión Europea presentó un plan de acción para la economía circular con el objetivo de promover productos más sostenibles, reducir residuos y empoderar a los ciudadanos, incluyendo el "derecho a reparar".

En febrero de 2021, el Parlamento Europeo aprobó este plan de acción y pidió medidas adicionales para avanzar hacia una economía completamente circular, sostenible, libre de tóxicos y neutra en carbono para 2050. Estas medidas deben incluir leyes más estrictas sobre reciclaje y objetivos vinculantes para 2030, enfocados en reducir la huella ecológica del uso y consumo de materiales.

En marzo de 2022, la Comisión presentó el primer paquete de medidas para acelerar la transición hacia una economía circular, como parte de su plan de acción. Estas propuestas incluyen fomentar productos sostenibles, empoderar a los consumidores para la transición verde, revisar las normativas sobre productos de construcción y establecer una estrategia para textiles sostenibles.

En noviembre de 2022, la Comisión propuso nuevas normas sobre envases a nivel de la UE, que incluyen mejoras en el diseño de los envases y un etiquetado claro para fomentar su reutilización y reciclaje. También promueve la transición hacia plásticos de base biológica, biodegradables y compostables.

El modelo económico lineal actual, basado en la extracción, fabricación, utilización y eliminación, ha alcanzado sus límites, evidenciando el agotamiento de recursos naturales y combustibles fósiles. En respuesta, la economía circular propone un nuevo modelo que optimiza el uso de materiales, energía y residuos, con el objetivo de utilizar los recursos de manera eficiente.

3.2. Diagrama de mariposa

El diagrama del sistema de economía circular, conocido como **diagrama de mariposa,** representa el flujo continuo de materiales dentro de una economía circular. Destacan dos ciclos principales:

○ **Ciclo biológico del diagrama de mariposa.** En el lado izquierdo del diagrama de mariposa se encuentra el ciclo biológico, que abarca materiales biodegradables que pueden regresar de manera segura a la tierra. Este ciclo se aplica principalmente a productos consumibles, como los alimentos. Estos materiales, al ser compostados o digeridos anaeróbicamente, aportan nutrientes al suelo, lo cual facilita el cultivo de nuevos recursos como algodón o madera.
El ciclo biológico se enfoca en devolver los nutrientes al suelo y regenerar la naturaleza. Materiales biodegradables que no pueden ser reutilizados. Esto ayuda a regenerar la tierra, permitiendo el cultivo de más alimentos y materiales renovables. La economía circular busca reducir el uso de recursos, disminuir la producción de residuos y limitar el consumo de energía.
○ **Ciclo técnico del diagrama de mariposa.** El lado derecho del diagrama muestra que los ciclos interiores más pequeños están rodeados por ciclos exteriores más grandes, donde los ciclos internos retienen más del valor incrustado de un producto al mantenerlo completo. Así, compartir, mantener y reutilizar productos deben priorizarse sobre ciclos externos que implican descomponer y rehacer productos.
El ciclo más externo, el reciclaje, es la etapa de último recurso en una economía circular, ya que implica perder el valor incrustado en un producto al reducirlo a sus materiales básicos.

El diseño de los distintos ciclos mantiene la misma importancia que elaborar un producto reparable con materiales reciclables, reutilizar a través de la reventa y realizar ciclos de mantenimiento, reparación y renovación. En esta dinámica, los residuos de unos se convierten en recursos para otros. Los productos deben ser diseñados para desmantelarse fácilmente.

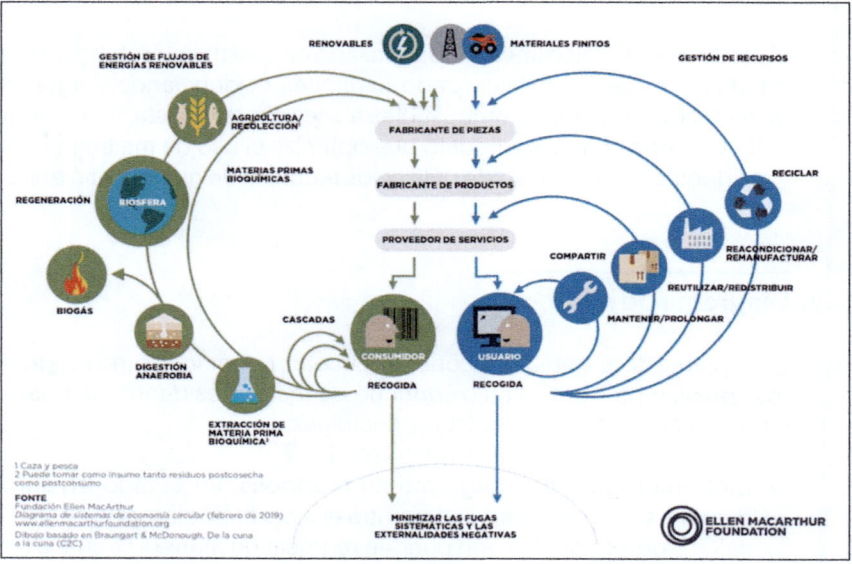

Diagrama mariposa de economía circular

3.3. Ejemplos de prácticas circulares en empresas

Una vez identificados y definidos los conceptos básicos de la economía circular, desde la perspectiva de sus componentes principales, es importante revisar ejemplos reales para entender mejor el concepto y su magnitud. Algunos de ellos son:

⊃ **Natura. Empresa de cosméticos.** Natura, la empresa de cosméticos más grande de América del Sur, se expandió globalmente y se consolidó como la quinta compañía de belleza más grande del mundo. La compañía produce una amplia gama de productos, desde jabones hasta champús, que dependen de la rica biodiversidad de la Amazonía para sus ingredientes. Natura colabora estrechamente con comunidades locales, utilizando cerca de 40 tipos de "activos de biodiversidad" derivados de plantas y apoyando a unas 7.000 familias.

Uno de los pilares de su modelo de negocio es la **"economía de bosque en pie"**. Esta filosofía sostiene que un árbol tiene más valor económico estando en pie que cortado. Gracias a esta estrategia, Natura ha preservado más de 2 millones de hectáreas de selva amazónica, con planes de aumentar esta área a 3 millones de hectáreas para 2030.

Natura incorpora estos ingredientes naturales e innovadores, como las semillas de ucuuba. Este enfoque no solo promueve la conservación ambiental y la biodiversidad, sino que también impulsa la investigación científica, combinando el conocimiento indígena ("biointeligencia") con tecnologías avanzadas de genes y proteínas.

➲ **Teemill. Empresa textil.** Teemill es una empresa que adopta un enfoque innovador basado en la tecnología para promover la economía circular. Su proceso de producción está diseñado para minimizar el desperdicio y maximizar el reciclaje de materiales en cada etapa de la cadena de suministro.

Un aspecto destacado de su modelo es la capacidad de producir camisetas personalizadas en tiempo real y rehacerlas completamente cuando se desgastan, fomentando así un ciclo continuo de uso y reutilización.

Teemill cultiva algodón con prácticas sostenibles, utilizando fertilizantes orgánicos y métodos de riego que aprovechan el agua de lluvia.

Una vez cosechado, el algodón se transporta a fábricas, donde se procesa, de manera que se aprovechan todas las partes del material. Las semillas se convierten en tortas de semillas.

➲ **Signify. Empresa de iluminación.** Signify, anteriormente conocida como Philips Lighting, es una corporación global en el sector de la iluminación que ofrece una innovadora "iluminación como servicio" (LaaS). En el modelo LaaS, Signify no solo vende equipos de iluminación, sino que también instala, opera y mantiene estos sistemas a cambio de una tarifa mensual por servicio, en lugar de la venta tradicional de equipos. Esto permite a los clientes evitar gastos de capital significativos y trasladar el costo de propiedad y mantenimiento a Signify.

Una característica distintiva del enfoque circular de Signify es que los equipos de iluminación utilizados en los contratos LaaS están diseñados para ser fácilmente reparados, reemplazados, reutilizados o reciclados al final de su vida útil. Esto fomenta la conservación de recursos y minimiza el desperdicio.

4. Identificación de otros conceptos importantes

☞ HILO CONDUCTOR

La empresa EcoSportive utiliza además herramientas como el análisis del ciclo de vida (ACV), la huella de carbono, la huella hídrica y la huella material, para evaluar y mejorar el impacto ambiental original, midiendo para ello el uso de recursos y las emisiones a lo largo de toda la vida de los productos fabricados, lo cual facilita la adopción de estrategias efectivas de gestión ambiental y reducción de su huella ambiental.

En el contexto de la sostenibilidad ambiental y la gestión responsable de recursos, varios conceptos juegan un papel crucial en la evaluación del impacto ambiental de productos y procesos. Entre estos, destacan el análisis del ciclo de vida (ACV), la huella de carbono, la huella hídrica y la huella material. Cada uno de estos conceptos proporciona herramientas y metodologías para medir y evaluar aspectos específicos del uso de recursos y las emisiones asociadas a lo largo de todo el ciclo de vida de productos, servicios o actividades.

4.1. Análisis del ciclo de vida (ACV)

El análisis del ciclo de vida (ACV) es una metodología objetiva para estimar y evaluar los impactos ambientales de un producto o servicio durante todas las etapas de su vida. El ACV permite valorar estos efectos, que pueden influir en el cambio climático, la reducción de la capa de ozono, la generación de ozono, la eutrofización o la acidificación, entre otros.

La vida de un producto comienza con su diseño y desarrollo, e incluye las siguientes **etapas:**

- ⮑ **Extracción de materias primas.** Esta etapa implica la obtención de los materiales necesarios para la fabricación del producto. La extracción de materias primas puede tener significativos impactos ambientales, como la degradación del suelo, la deforestación, el consumo intensivo de agua y la contaminación por el uso de pesticidas y fertilizantes.
- ⮑ **Producción.** En esta fase, las materias primas son transformadas en productos finales. La elección de tecnologías y procesos de producción

eficientes puede reducir el consumo de recursos y la emisión de contaminantes.

- **Distribución.** Esta etapa abarca el transporte y la entrega de los productos desde el lugar de producción hasta los consumidores finales. La optimización de rutas de transporte y la adopción de métodos logísticos más sostenibles pueden reducir significativamente la huella de carbono de esta etapa.
- **Uso.** Empleo del producto por parte del usuario final.
- **Reutilización y reciclaje.** Procesos para dar una nueva vida al producto o sus componentes, evitando así el desecho final y reduciendo el impacto ambiental.

Estas etapas permiten un análisis detallado y completo, lo que facilita la identificación de áreas de mejora y la implementación de estrategias más sostenibles.

El análisis del ciclo de vida (ACV) es una herramienta determinante en la transición hacia un modelo de economía circular y sostenible, ya que aporta información valiosa sobre los perfiles ambientales de productos y servicios.

En su forma actual, el análisis del ciclo de vida (ACV) es una herramienta clave para la gestión ambiental y el diseño de procesos más sostenibles. Se ha integrado en el desarrollo de sistemas de ecoetiquetado, la creación de guías para productos "ambientalmente favorables" y en las normas ISO.

Estas normas ofrecen estándares específicos para la conducción de ACV:

- **Norma ISO 14040.** Establece los principios generales y los requerimientos metodológicos del ACV de productos y servicios.
- **Norma ISO 14041.** Proporciona una guía para determinar los objetivos y el alcance de un estudio de ACV, así como para realizar el análisis del inventario.
- **Norma ISO 14042.** Ofrece directrices para llevar a cabo la fase de evaluación de impacto ambiental de un estudio de ACV.

- **Norma ISO 14043.** Facilita la interpretación de los resultados de un estudio de ACV.
- **Norma ISO 14048.** Proporciona información sobre el formato de los datos que sirven de base para la evaluación del ciclo de vida.
- **Norma ISO 14049.** Incluye ejemplos que ilustran la aplicación de la guía ISO 14041.

Estas normas ISO aseguran que los estudios de ACV sean realizados de manera consistente y fiable, lo cual permite a las organizaciones identificar y minimizar los impactos ambientales a lo largo del ciclo de vida de sus productos y servicios.

 TAREA 1

EcoSportive debe elaborar un ciclo de vida de su producto para identificar y mitigar los impactos ambientales en cada etapa de producción. Esta evaluación ayuda a mejorar la sostenibilidad, reducir costos y cumplir con normativas ambientales. Implementar un análisis del ciclo de vida (ACV) es esencial para la transición hacia prácticas más responsables y sostenibles.

Considerando el compromiso de EcoSportive con la sostenibilidad ambiental en su empresa, ¿qué debería analizar para elaborar un ciclo de vida de este producto?

4.2. Huella de carbono

La huella de carbono representa la totalidad de emisiones de gases de efecto invernadero (GEI) generadas de manera directa o indirecta por individuos, organizaciones, productos, eventos o áreas geográficas. Se expresa en términos de equivalentes de CO_2.

 **NOTA**

En España, según la Ley 7/2021, de 20 de mayo, de cambio climático y transición energética, el registro de la huella de carbono se ha convertido en obligatorio para ciertas empresas. Esta ley establece medidas para la reducción de

Continúa en página siguiente >>

<< Viene de página anterior

emisiones de gases de efecto invernadero y promueve la transición hacia una economía baja en carbono.

El cálculo de la huella de carbono es una herramienta esencial de gestión ambiental que permite:

- **Identificar fuentes de emisión:** permite identificar qué actividades específicas contribuyen más a las emisiones de GEI. Proporciona datos detallados sobre los sectores y procesos que necesitan ser mejorados.
- **Evaluar impactos ambientales:** ayuda a evaluar el impacto ambiental de las actividades humanas, facilitando la comprensión de cómo nuestras acciones afectan al cambio climático y otros problemas ambientales.
- **Guiar estrategias de reducción:** proporciona información crítica para desarrollar e implementar estrategias efectivas de reducción de emisiones. Esto incluye la optimización de procesos, la adopción de tecnologías más limpias y la mejora de la eficiencia energética.
- **Promover la eficiencia de recursos:** facilita un uso más eficiente de los recursos al identificar oportunidades para minimizar desperdicios y mejorar la eficiencia en el consumo de energía, agua y otros recursos naturales.
- **Cumplir con regulaciones y estándares:** en muchos países, el registro y la gestión de la huella de carbono son obligatorios para ciertas empresas y sectores, ayudando a cumplir con las normativas ambientales y mejorar la reputación corporativa.

 **VÍDEO**

Puedes ver un vídeo donde se explica con detalle en qué consiste la huella de carbono, accediendo desde aquí:

https://redirectoronline.com/ctrt00030103

4.3. Huella hídrica

La huella hídrica es un indicador que evalúa el volumen total de agua utilizada directa o indirectamente para producir bienes y servicios. La huella hídrica cuantifica el uso de agua a lo largo de todo el ciclo de vida de un producto o servicio. Incluye el agua utilizada durante la extracción de materias primas, el procesamiento, la fabricación y el transporte, así como el consumo directo durante el uso del producto.

Podemos encontrar diferentes **tipos de huella hídrica:**

- **Huella hídrica verde (precipitaciones retenidas en el suelo).** Esta categoría incluye el agua de lluvia o nieve que es absorbida por el suelo y utilizada por las plantas durante su ciclo de vida. Esta agua es devuelta a la atmósfera a través del proceso de evapotranspiración. La huella hídrica verde evalúa cuánta agua de precipitación es consumida por los cultivos y la vegetación, contribuyendo así al ciclo natural del agua.
- **Huella hídrica azul (ríos, lagos y acuíferos).** Esta huella hídrica se refiere al agua dulce que es extraída directamente de fuentes naturales como ríos, lagos o acuíferos, o de fuentes artificiales mediante infraestructuras como pozos y embalses. Se utiliza para actividades humanas como la producción de bienes, el riego agrícola y otros usos industriales. Es el agua que se consume físicamente en los procesos productivos y puede no ser devuelta al medioambiente en las mismas condiciones.
- **Huella hídrica gris (necesaria para que el medio receptor asimile los contaminantes vertidos).** La huella hídrica gris se centra en la calidad del agua y representa la cantidad de agua necesaria para diluir contaminantes y mantener los estándares de calidad del medio receptor (como ríos, lagos o acuíferos) después de recibir los vertidos de una actividad o proceso productivo. Esta agua contaminada necesita ser tratada para cumplir con los requisitos normativos antes de ser liberada de nuevo al medioambiente.

Estos tres tipos de huella hídrica permiten evaluar tanto la cantidad como la calidad del agua utilizada y afectada por actividades humanas. Proporcionan una visión completa de los impactos ambientales relacionados con el agua a lo largo del ciclo de vida de productos, servicios y procesos industriales.

 **PARA SABER MÁS**

Puedes obtener información sobre la WWF para conocer más detalles sobre la huella hídrica, accediendo desde aquí:

https://redirectoronline.com/ctrt00030104

4.4. Huella material

La huella material es un indicador que mide la cantidad total de materiales utilizados a lo largo del ciclo de vida de un producto, servicio o proceso. Esta medida abarca todos los recursos naturales y materiales que se extraen, transforman y consumen desde la extracción de materias primas hasta la disposición final del producto.

El objetivo de calcular la huella material es evaluar y gestionar de manera más eficiente el uso de recursos naturales, con lo que se promueven prácticas de producción y consumo más sostenibles.

 ACTIVIDAD COMPLEMENTARIA

1. Investiga en fuentes externas de qué forma puede reducir una empresa su huella de carbono.

5. Resumen

La responsabilidad medioambiental en las empresas abarca un conjunto de acciones y políticas destinadas a minimizar el impacto negativo de las actividades empresariales sobre el medioambiente y la sociedad en general. Este enfoque no solo se centra en cumplir con las normativas ambientales vigentes, sino también en adoptar prácticas proactivas que vayan más allá de los requisitos legales para mitigar los impactos ambientales y promover la sostenibilidad.

Las normativas y estándares juegan un papel crucial en la definición y aplicación de la responsabilidad medioambiental. Normas internacionales como la ISO 14001 y el Reglamento EMAS proporcionan marcos estructurados para la implementación de sistemas de gestión ambiental, ayudando a las organizaciones a establecer políticas, objetivos y procesos para mejorar continuamente su desempeño ambiental.

En el contexto de la economía circular, el objetivo es cambiar el paradigma de producción y consumo lineal hacia un modelo más circular y sostenible. La economía circular se fundamenta en varios principios clave, como la reutilización de productos y materiales, el reciclaje de recursos, el diseño para la durabilidad y la reparabilidad, y la minimización de residuos y emisiones. Este enfoque no solo busca reducir el impacto ambiental de las actividades industriales, sino también crear valor económico y social al optimizar el uso de recursos y fomentar la innovación en productos y procesos.

Además de la responsabilidad medioambiental y la economía circular, existen herramientas y conceptos específicos que las empresas utilizan para evaluar y gestionar su impacto ambiental como:

Análisis del ciclo de vida
Evalúa el impacto ambiental de un producto o servicio a lo largo de todas sus etapas, desde la extracción de materias primas hasta su disposición final.

Huella de carbono
Mide las emisiones de gases de efecto invernadero (GEI) asociadas con actividades humanas. Proporciona información crucial para mitigar el cambio climático.

Continúa en página siguiente >>

<< Viene de página anterior

Huella hídrica
Cuantifica el uso de agua en la producción y consumo de bienes y servicios, considerando tanto el agua consumida directa como indirectamente.

Huella material
Mide la cantidad total de materiales utilizados en el ciclo de vida de productos, servicios o procesos. Destaca la importancia del uso eficiente de recursos naturales.

Integrar estos conceptos y herramientas en la gestión empresarial no solo ayuda a cumplir con las obligaciones legales y mejorar la imagen corporativa, sino que también puede generar beneficios significativos en términos de eficiencia operativa, reducción de costos, innovación y competitividad en un mercado cada vez más consciente del medioambiente y orientado hacia la sostenibilidad.

Ejercicios de autoevaluación
Unidad de Aprendizaje 1

1. **¿Cuál es uno de los principales objetivos de la Ley de Responsabilidad Ambiental?**

    a. Reducir la emisión de CO_2 en un 50 %.
    b. Fortalecer los mecanismos preventivos para evitar accidentes que puedan tener efectos perjudiciales para el medioambiente.
    c. Incrementar el uso de energías renovables.
    d. Garantizar el crecimiento económico sin restricciones ambientales.

2. **La responsabilidad objetiva e ilimitada en la Ley de Responsabilidad Ambiental aplica a:**

    a. Todas las actividades enumeradas en el anexo III de la ley.
    b. Actividades que no están incluidas en el anexo III.
    c. Actividades que no tienen ningún impacto ambiental.
    d. Todas las actividades industriales sin excepción.

3. **Según la normativa ambiental estatal, ¿de dónde parte toda la legislación ambiental en España?**

    a. Del Parlamento Europeo
    b. De la Constitución Española de 1978
    c. Del Tribunal Supremo de España
    d. De las directivas municipales

4. **¿Cuál es la Ley que la gestión de residuos en España?**

    a. Ley 7/2022, de residuos y suelos contaminados para una economía circular
    b. Ley 21/2013, de 9 de diciembre, de evaluación ambiental
    c. Ley 26/2007, de 23 de octubre, de Responsabilidad Medioambiental
    d. Ley 22/2011, de 28 de julio, de residuos y suelos contaminados

5. **La legislación sobre la gestión de residuos en España está principal-mente regida por:**

   a. Ley 41/2010, de protección del medio marino
   b. Ley 7/2022, de residuos y suelos contaminados para una economía circular
   c. Real Decreto 1042/2017, de limitación de emisiones a la atmósfera
   d. Real Decreto 849/1986, sobre el dominio público hidráulico

6. **Indica si la siguiente oración es verdadera o falsa: "Las comunida-des autónomas en España tienen la capacidad de dictar leyes am-bientales más estrictas que las nacionales en áreas donde tienen competencia".**

   ■ Verdadero
   ■ Falso

7. **¿Qué estrategia dentro del principio de mantener productos y mate-riales en uso implica facilitar la reparación de productos para exten-der su vida útil?**

   a. Compartición y alquiler
   b. Reutilización
   c. Reparación y renovación
   d. Ecodiseño

8. **¿Qué práctica promueve la agricultura regenerativa en el contexto de la economía circular?**

   a. Uso de pesticidas y fertilizantes químicos.
   b. Promoción de prácticas agrícolas que restauren la salud del suelo.
   c. Desarrollo de productos de un solo uso.
   d. Incremento en la extracción de recursos naturales.

9. **La huella hídrica que se refiere al agua dulce extraída de ríos, lagos o acuíferos para actividades humanas se denomina...**

   a. ... huella hídrica azul.
   b. ... huella hídrica verde.

    c. ... huella hídrica gris.

    d. Todas las opciones son incorrectas.

10. **En el ciclo técnico del diagrama de mariposa, ¿cuál es la etapa de último recurso en una economía circular?**

    a. Reutilización

    b. Reciclaje

    c. Reparación

    d. Compartición

Elaboración de un plan de responsabilidad medioambiental y economía circular

Contenido

1. Introducción
2. Realización de un diagnóstico empresarial y sectorial como punto de partida
3. Identificación de fuentes de información y de buenas prácticas a través de diversas fuentes de economía circular en las empresas en general y en sectores en particular
4. Establecimiento de los objetivos que quiere conseguir la empresa para ser más sostenible y circular
5. Elaboración del plan financiero
6. Elaboración del plan de formación
7. Establecimiento de un cuadro de mando de indicadores con el que medir el desarrollo y la implementación del plan de responsabilidad medioambiental y economía circular
8. Resumen

Objetivos

El objetivo general de esta Unidad de Aprendizaje es:

→ Llevar a cabo un proceso de reflexión y planificación empresarial con el objetivo de sentar las bases y mostrar los pasos adecuados a seguir para la elaboración de un plan de responsabilidad medioambiental y economía circular en las empresas de cualquier sector que contribuya a avanzar en su transición ecológica y circular.

Los objetivos específicos de esta Unidad de Aprendizaje son:

→ Evaluar la situación medioambiental actual de la empresa mediante la revisión de la normativa medioambiental relevante.

→ Establecer las acciones de un plan de sostenibilidad.

→ Conocer los aspectos básicos de un plan de formación.

→ Establecer objetivos claros y concretos para mejorar la sostenibilidad y promover la economía circular en su empresa.

→ Analizar los KPI de consumo de agua y energía para identificar patrones, áreas de mejora y proponer acciones.

1. Introducción

Elaborar un plan de responsabilidad medioambiental y economía circular es esencial para las empresas que buscan reducir su impacto ambiental y adoptar prácticas sostenibles. Este proceso comienza con un diagnóstico exhaustivo, que incluye la búsqueda de normativas medioambientales relevantes y la evaluación de todos los aspectos operativos de la empresa. Esto permite calcular la huella de carbono, hídrica y material, e identificar las externalidades negativas, especialmente las medioambientales.

Para promover la economía circular, es fundamental identificar y aplicar buenas prácticas a través de fuentes confiables, como premios de economía circular y documentos del ministerio correspondiente. Con esta información, la empresa puede establecer objetivos claros y alcanzables para mejorar su sostenibilidad, definiendo qué se quiere lograr, cómo se logrará, qué acciones se implementarán y quiénes serán los responsables.

Un aspecto crítico del plan es la elaboración de un plan financiero, que incluye la identificación de las acciones que requieren inversión, una estimación de costos y la búsqueda de fuentes de financiación. Además, se debe desarrollar un plan de formación para capacitar a los empleados en sostenibilidad, asegurando que los puestos clave reciban la formación necesaria.

Finalmente, se debe establecer un cuadro de mando con indicadores clave para monitorear el progreso y medir el impacto de las acciones implementadas. Este enfoque sistemático no solo ayuda a las empresas a cumplir con las regulaciones medioambientales, sino que también mejora su desempeño sostenible y contribuye significativamente a la economía circular, asegurando un uso más eficiente de los recursos y minimizando los residuos.

En un mundo cada vez más consciente de los impactos medioambientales, EcoSportive es consciente de que debe enfrentarse a un reto significativo: cómo producir de manera sostenible sin comprometer la calidad y la rentabilidad. Elaborar un plan de responsabilidad medioambiental y economía circular es una estrategia esencial para abordar este desafío.

2. Realización de un diagnóstico empresarial y sectorial como punto de partida

👉 HILO CONDUCTOR

Veamos cómo EcoSportive, al decidir embarcarse en este camino, comienza su viaje mediante la elaboración de un diagnóstico empresarial y sectorial. Esto implica realizar una exhaustiva búsqueda y análisis de la normativa medioambiental aplicable a su sector.

La realización de un diagnóstico empresarial y sectorial es un paso inicial crucial para cualquier empresa comprometida con la sostenibilidad y la economía circular. Este proceso comienza con una búsqueda exhaustiva y análisis detallado de la normativa medioambiental aplicable al sector específico de la empresa. Al comprender las leyes y regulaciones, la empresa puede identificar tanto sus obligaciones legales como las oportunidades para mejorar sus prácticas medioambientales.

Además, este diagnóstico incluye una evaluación completa de todos los aspectos operativos de la empresa, lo que le permite identificar las externalidades negativas, especialmente aquellas relacionadas con el medioambiente, que resultan de sus actividades.

Al realizar este diagnóstico, la empresa no solo se alinea con las mejores prácticas del sector, sino que también se prepara para establecer objetivos claros y alcanzables hacia una mayor sostenibilidad. Esta evaluación inicial sienta las bases para desarrollar estrategias efectivas, implementar acciones concretas y medir el progreso hacia un futuro más sostenible y circular.

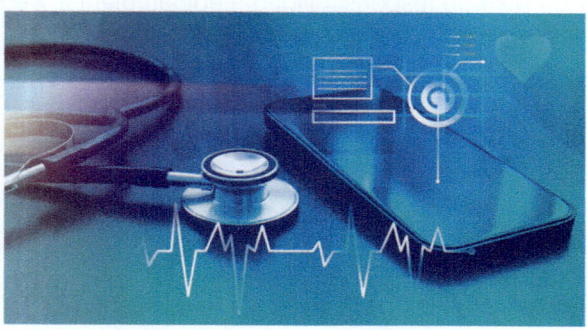

Este informe inicial es imprescindible para saber de dónde partes y hacia dónde vas.

2.1. Búsqueda de la normativa medioambiental que afecta y puede afectar a la empresa en función de su área de actividad

La búsqueda de la normativa medioambiental relevante para una empresa según su área de actividad es fundamental para asegurar el cumplimiento legal y promover prácticas sostenibles. Esto implica identificar y analizar las leyes, regulaciones y normativas ambientales que aplican específicamente al sector en el cual opera la empresa. Este proceso no solo ayuda a entender las obligaciones legales vigentes, sino también a anticipar posibles cambios regulatorios que puedan influir en las operaciones y estrategias futuras de la organización. Asimismo, permite adoptar medidas proactivas para mitigar impactos ambientales negativos y maximizar oportunidades de mejora en términos de sostenibilidad y economía circular.

La importancia de la búsqueda de la normativa medioambiental que afecta y puede afectar a una empresa en función de su área de actividad es importante por las siguientes **razones:**

- ⮞ **Cumplimiento legal.** Permite asegurar que la empresa cumple con todas las leyes y regulaciones ambientales vigentes, con lo cual evita sanciones y problemas legales.
- ⮞ **Gestión de riesgos.** Ayuda a identificar y gestionar los riesgos ambientales asociados a las operaciones de la empresa, con lo que reduce la posibilidad de impactar negativamente en el medioambiente.
- ⮞ **Protección del medioambiente.** Contribuye a minimizar el impacto ambiental de las actividades empresariales, mediante prácticas responsables y sostenibles.
- ⮞ **Reputación y relaciones con *stakeholders*.** Mejora la imagen y reputación de la empresa frente a clientes, inversores y comunidades locales, al demostrar compromiso con la sostenibilidad.
- ⮞ **Oportunidades de negocio.** Identifica oportunidades para innovar y desarrollar nuevos productos o servicios que cumplen con normativas ambientales y demandas del mercado.

La búsqueda de normativa medioambiental se ha convertido en algo esencial para la gestión empresarial moderna y responsable, entre otras porque proporciona un marco legal claro, prepara a la empresa para futuros cambios regulatorios y ofrece oportunidades para diferenciarse en el mercado mediante prácticas sostenibles y alineadas con los principios de la economía circular.

SABÍAS QUE...

Cada vez más empresas están incorporando la elaboración de un plan de responsabilidad medioambiental y economía circular no solo como una obligación regulatoria, sino como una estrategia competitiva y de innovación. Integrar principios de economía circular no solo reduce el impacto ambiental, sino que también fomenta la innovación en diseño de productos, hace los procesos más eficientes y ofrece nuevas oportunidades de negocio basadas en la reutilización de recursos y la creación de productos más duraderos y fáciles de reciclar. Esto demuestra cómo la sostenibilidad no solo es una responsabilidad, sino también una fuente de ventaja competitiva y de crecimiento sostenible para las empresas que la adoptan de manera proactiva.

2.2. Identificación y detalle de todos los aspectos de la empresa para su posterior evaluación

Como ya hemos visto, la realización de un diagnóstico empresarial y sectorial como punto de partida para la elaboración de un plan de responsabilidad medioambiental y economía circular es fundamental en la actualidad empresarial. Este proceso no solo implica una evaluación interna exhaustiva de la empresa, sino también un análisis detallado del entorno regulatorio y de las prácticas sectoriales relacionadas con la sostenibilidad ambiental.

En primer lugar, la búsqueda de la normativa medioambiental aplicable a la empresa según su área de actividad es crucial. Las leyes y regulaciones establecen los marcos legales que la empresa debe seguir para minimizar su impacto ambiental, gestionar adecuadamente los recursos naturales y asegurar la conformidad con los estándares ambientales locales e internacionales. Esto no solo protege al medioambiente, sino que también reduce los riesgos legales y mejora la reputación corporativa. Además, la identificación y detalle de todos los aspectos de la empresa para su evaluación permite un entendimiento profundo de cómo las operaciones y procesos internos afectan al medioambiente. Desde el consumo de recursos hasta la generación de residuos y emisiones, cada actividad tiene implicaciones ambientales que deben ser evaluadas para identificar áreas de mejora y optimización.

Para elaborar un plan de responsabilidad medioambiental y economía circular, es fundamental realizar la identificación y detalle exhaustivo de todos los aspectos de la empresa, por ejemplo:

- **Análisis de impacto ambiental.** Este paso implica evaluar cómo cada actividad de la empresa afecta al medioambiente. Se analizan aspectos como el consumo de recursos naturales (agua, energía), las emisiones de gases de efecto invernadero, la generación de residuos sólidos y líquidos, etc. Identificar estas áreas de impacto permite priorizar acciones para reducir la huella ambiental.
- **Gestión de residuos.** Se examina cómo se generan, manejan y disponen los residuos dentro de la empresa. Esto incluye evaluar la eficiencia de los procesos de reciclaje y compostaje, así como buscar oportunidades para minimizar la generación de residuos en primer lugar.
- **Cadena de suministro.** Se revisa la cadena de suministro para identificar prácticas sostenibles y proveedores que compartan los mismos valores medioambientales. Esto puede incluir la selección de materias primas provenientes de fuentes renovables o certificadas, así como evaluar las prácticas de transporte y logística para reducir las emisiones asociadas.
- **Conformidad legal y normativa.** Es esencial asegurarse de que la empresa cumpla con todas las regulaciones medioambientales y normativas aplicables. Esto abarca desde permisos de emisión y tratamiento de aguas residuales hasta el manejo adecuado de productos químicos y residuos peligrosos. La identificación de posibles áreas de no conformidad permite mitigar riesgos legales y operativos.
- **Economía circular.** Se evalúa cómo se pueden implementar principios de economía circular en las operaciones de la empresa. Esto incluye diseñar productos que sean fácilmente reparables, reutilizables o reciclables, así como fomentar la reutilización de materiales y componentes en el proceso de fabricación.
- **Evaluación de externalidades negativas.** Se identifican y cuantifican las externalidades negativas, especialmente las medioambientales, que la empresa genera indirectamente. Esto puede incluir impactos en comunidades locales, biodiversidad o recursos hídricos. Comprender estas externalidades permite implementar medidas correctivas y mitigadoras.
- *Benchmarking* **y mejores prácticas.** Se realiza una búsqueda activa de fuentes de información y buenas prácticas en economía circular y responsabilidad medioambiental. Esto incluye analizar premios sectoriales, informes gubernamentales y estudios de caso de otras empresas que hayan implementado con éxito iniciativas sostenibles.
- **Planificación estratégica.** Basándose en la evaluación detallada de todos estos aspectos, se establecen objetivos claros y medibles para mejorar la sostenibilidad y promover la economía circular dentro de la empresa. Esto incluye definir qué se quiere lograr, cómo se va a lograr, qué acciones se implementarán y quién estará involucrado en su ejecución.

En resumen, el proceso de diagnóstico empresarial y sectorial proporciona la base necesaria para desarrollar un plan de responsabilidad medioambiental y economía circular efectivo. Al comprender completamente el contexto normativo, los aspectos operativos internos, las métricas ambientales y las externalidades negativas, la empresa puede establecer objetivos claros y estrategias bien fundamentadas para avanzar hacia la sostenibilidad y la economía circular. Este enfoque no solo es una responsabilidad empresarial ética, sino también una oportunidad para generar valor a largo plazo y fortalecer la posición competitiva en un mercado cada vez más consciente del medioambiente.

2.3. Cálculo de la huella de carbono, huella hídrica y huella material actual de la empresa a través de las herramientas disponibles

En la búsqueda de un modelo de negocio más sostenible y respetuoso con el medioambiente, es fundamental que las empresas comprendan y gestionen su impacto ecológico. Un paso crucial en este proceso es el cálculo de la huella de carbono, la huella hídrica y la huella material. Estas métricas permiten evaluar el impacto ambiental de la empresa en términos de emisiones de gases de efecto invernadero, consumo de agua y uso de materiales. Utilizando herramientas avanzadas disponibles en el mercado, las empresas pueden cuantificar y analizar estos indicadores, facilitando la implementación de estrategias que reduzcan su impacto ambiental y promuevan prácticas más sostenibles.

El cálculo de la huella de carbono implica una serie de pasos para medir las emisiones de gases de efecto invernadero (GEI) asociadas con las actividades de una empresa. Los **pasos** que hay que seguir son los siguientes:

➲ **Establecer el alcance:**

    ◑ **Alcance 1:** emisiones directas de fuentes que son propiedad o están controladas por la empresa (por ejemplo, combustión en calderas, vehículos de la empresa).

    ◑ **Alcance 2:** emisiones indirectas de la generación de electricidad comprada consumida por la empresa.

    ◑ **Alcance 3:** otras emisiones indirectas que ocurren en la cadena de valor de la empresa (por ejemplo, viajes de negocios, transporte de productos, uso de productos vendidos).

➲ **Recolección de datos:**

    ◑ Reunir datos sobre el consumo de energía (electricidad, gas natural, combustibles fósiles).

    ◑ Recolectar información sobre los viajes de negocios, desplazamientos de empleados, logística y transporte.

◑ Identificar y cuantificar las emisiones de procesos industriales y manejo de residuos.

➲ **Conversión de datos en emisiones.** Utilizar factores de emisión para convertir los datos de consumo de energía y otros insumos en emisiones de GEI. Los factores de emisión varían según el tipo de combustible, la fuente de energía y la actividad específica.

➲ **Aplicación de herramientas y métodos.** Emplear herramientas y metodologías reconocidas para calcular la huella de carbono, como el protocolo de GEI *(Greenhouse Gas Protocol),* ISO 14064 o calculadoras en línea proporcionadas por organizaciones medioambientales.

➲ **Sumar emisiones.** Calcular las emisiones totales para cada alcance y sumarlas para obtener la huella de carbono total de la empresa.

➲ **Análisis y reporte:**

◑ Analizar los resultados para identificar las principales fuentes de emisiones y áreas de mejora.
◑ Preparar un informe detallado que explique los hallazgos y las metodologías utilizadas, y establecer objetivos de reducción de emisiones.

➲ **Verificación externa (opcional).** Considerar la posibilidad de una verificación externa para asegurar la precisión y credibilidad del cálculo de la huella de carbono.

 EJEMPLO

Supongamos que una empresa consume:

* 100.000 kWh de electricidad al año
* 50.000 l de diésel al año

Paso 1. Recolección de datos:

* Electricidad: 100.000 kWh
* Diésel: 50.000 l

Paso 2. Conversión de datos en emisiones:

* Factor de emisión para electricidad (suponiendo una red eléctrica basada en combustibles fósiles): 0,5 kg CO_2e/kWh
* Factor de emisión para diésel: 2,68 kg CO_2e/litro

Continúa en página siguiente >>

<< Viene de página anterior

Paso 3. Cálculo de emisiones:

- Emisiones de electricidad: 100.000 kWh * 0,5 kg CO_2e/kWh = 50.000 kg CO_2e
- Emisiones de diésel: 50.000 litros * 2,68 kg CO_2e/litro = 134.000 kg CO_2e

Paso 4. Suma de emisiones:

- Huella de carbono total = 50.000 kg CO_2e + 134.000 kg CO_2e = 184.000 kg CO_2e o 184 toneladas de CO_2e

---

 PARA SABER MÁS

Puedes consultar la publicación del Ministerio de Transición Ecológica para conocer cómo usar una calculadora de huella de carbono. Para ello accede desde aquí:

https://redirectoronline.com/ctrt00030201

El cálculo de la huella hídrica implica medir el volumen total de agua consumida y contaminada directa e indirectamente por una empresa, un producto o una actividad. Este cálculo se divide en tres componentes principales: huella hídrica azul, huella hídrica verde y huella hídrica gris. A continuación, se describen los **pasos generales para calcular la huella hídrica:**

➲ **Establecimiento del alcance y límites:**

  ↻ **Producto, proceso o empresa:** decide si calcularás la huella hídrica de un producto específico, un proceso de producción o toda la empresa.
  ↻ **Periodo de tiempo:** define el periodo de tiempo para el cálculo (por ejemplo, anual).

♧ **Geografía:** considera la ubicación geográfica, ya que el impacto de la huella hídrica puede variar dependiendo de la región.

➥ **Recolección de datos:**

♧ **Agua verde:** volumen de agua de lluvia utilizada por los cultivos y plantas en el proceso de producción.
♧ **Agua azul:** volumen de agua extraída de fuentes superficiales y subterráneas para uso en la producción y operaciones.
♧ **Agua gris:** volumen de agua necesaria para diluir los contaminantes y mantener la calidad del agua en los estándares ambientales.

➥ **Cálculo de la huella hídrica verde:**

♧ **Cultivos y vegetación:** estima el volumen de agua de lluvia que es absorbida por los cultivos o vegetación utilizados en la producción.
♧ **Métodos de cálculo:** utiliza datos de evapotranspiración y precipitación para calcular el uso de agua verde.

➥ **Cálculo de la huella hídrica azul:**

♧ **Consumo directo:** mide el agua extraída de fuentes naturales y utilizadas directamente en la producción y operaciones.
♧ **Consumo indirecto:** incluye el agua utilizada en la producción de insumos y materias primas.
♧ **Registro de consumo:** mantén un registro detallado de todos los volúmenes de agua extraída y utilizada.

➥ **Cálculo de la huella hídrica gris:**

♧ **Contaminantes identificados:** identifica los tipos y cantidades de contaminantes que se liberan en el proceso de producción.
♧ **Concentraciones permisibles:** determina las concentraciones máximas permitidas de estos contaminantes según las regulaciones ambientales.
♧ **Volumen de dilución:** calcula el volumen de agua necesario para diluir estos contaminantes hasta alcanzar las concentraciones permisibles.

➥ **Suma de los componentes:**

♧ **Total de huella hídrica:** suma los volúmenes de agua verde, azul y gris para obtener la huella hídrica total.

⊃ **Análisis y reporte:**

◊ **Análisis del impacto ambiental:** se evalúan los efectos sobre la disponibilidad de agua y la calidad del agua en las áreas donde se realiza la extracción o el uso. También se identifican áreas de alto riesgo, como regiones con escasez de agua o sistemas altamente contaminados.

◊ **Presentación de los resultados:** el informe incluye el volumen total de agua utilizada en cada etapa del proceso, dividido entre los tres tipos de huella hídrica.
Se detallan las fuentes de agua (ríos, lagos, acuíferos, etc.) y los impactos sobre los ecosistemas acuáticos locales.

⊃ **Herramientas y metodologías**

◊ *Water Footprint Network:* ofrece guías y herramientas para calcular la huella hídrica.

◊ **ISO 14046:** proporciona principios, requisitos y directrices para la evaluación de la huella hídrica.

◊ **Calculadoras en línea:** varias organizaciones ofrecen calculadoras en línea para estimar la huella hídrica.

Este cálculo permite a la empresa entender mejor su impacto en los recursos hídricos y desarrollar estrategias para reducir su consumo y contaminación de agua.

 **EJEMPLO**

Supongamos que una empresa agrícola consume:

- Agua de lluvia: 20.000 m³ para riego de cultivos (agua verde).
- Agua extraída: 10.000 m³ de un río cercano para procesos de producción (agua azul).
- Contaminantes: genera 5.000 m³ de agua contaminada que necesita diluirse con 20.000 m³ de agua limpia para alcanzar los estándares de calidad (agua gris).

Paso 1. Cálculo de agua verde

- Agua verde = 20.000 m³

Continúa en página siguiente >>

<< Viene de página anterior

Paso 2. Cálculo de agua azul

* Agua azul = 10.000 m³

Paso 3. Cálculo de agua gris

* Agua gris = 20.000 m³

Paso 4. Suma de las componentes

* **Huella hídrica total** = 20,000 m³ (verde) + 10,000 m³ (azul) + 20,000 m³ (gris) = 50,000 m³

Por último, el cálculo de la huella material implica evaluar la cantidad total de materiales utilizados directa e indirectamente en la producción de bienes y servicios a lo largo de toda la cadena de suministro. Aquí se describe el **proceso general** para calcular la huella material:

⮞ **Establecimiento del alcance y límites:**

◊ **Producto, proceso o empresa:** decide si calcularás la huella material de un producto específico, un proceso de producción o toda la empresa.
◊ **Periodo de tiempo:** define el periodo de tiempo para el cálculo (por ejemplo, anual).
◊ **Geografía:** considera la ubicación geográfica y los proveedores involucrados.

⮞ **Recolección de datos:**

◊ **Materiales directos:** cantidad de materiales usados directamente en la producción.
◊ **Materiales indirectos:** materiales utilizados en la producción de insumos y materias primas por los proveedores.
◊ **Residuos y subproductos:** incluye el material que se convierte en residuos durante la producción.

⮞ **Inventario de materiales:**

◊ **Lista de materiales:** compila una lista completa de todos los materiales utilizados en cada etapa de la cadena de suministro.

- **Cantidad y peso:** registra la cantidad y el peso de cada material.
- **Fuente de materiales:** identifica si los materiales son vírgenes, reciclados o reutilizados.

⮕ **Cálculo de materiales directos:**

- **Consumo en la planta:** mide todos los materiales consumidos directamente en la planta de producción.
- **Residuos generados:** registra la cantidad de residuos generados y su gestión (reciclaje, disposición final, etc.).

⮕ **Suma de los componentes:**

- **Total de materiales directos:** suma todos los materiales usados directamente en la producción.
- **Total de materiales indirectos:** suma todos los materiales usados indirectamente a través de los proveedores.
- **Total de residuos:** incluye los materiales que se convierten en residuos.

⮕ **Análisis y reporte:**

- **Interpretación de resultados:** analiza los resultados para identificar las principales áreas de consumo de materiales y posibles mejoras.
- **Informe detallado:** prepara un informe que explique la metodología utilizada y los hallazgos obtenidos.
- **Estrategias de reducción:** establece metas y estrategias para reducir la huella material.

⮕ **Herramientas y metodologías:**

- *Material Flow Analysis* **(MFA):** una metodología estándar para analizar los flujos de materiales en sistemas industriales.
- **ISO 14051:** proporciona principios y estructura para la evaluación del flujo de materiales en una organización.
- *Ecoinvent Database:* una base de datos que ofrece información detallada sobre el uso de materiales en diferentes procesos industriales.

 **EJEMPLO**

Supongamos que una empresa textil utiliza:

Continúa en página siguiente >>

<< Viene de página anterior

- Materiales directos: 1.000 kg de algodón, 200 kg de poliéster.
- Materiales indirectos: 500 kg de algodón utilizados por proveedores para producir hilos y telas.
- Residuos: 100 kg de residuos de algodón y 50 kg de residuos de poliéster generados durante la producción.

Paso 1: cálculo de materiales directos

- Algodón = 1.000 kg
- Poliéster = 200 kg

Paso 2: cálculo de materiales indirectos

- Algodón por proveedores = 500 kg

Paso 3: cálculo de residuos

- Residuos de algodón = 100 kg
- Residuos de poliéster = 50 kg

Paso 4: suma de las componentes

Huella material total = 1.000 kg (algodón) + 200 kg (poliéster) + 500 kg (algodón indirecto) + 150 kg (residuos) = 1.850 kg.

 **VÍDEO**

Si quieres conocer curiosidades sobre el cálculo de huella hídrica, puedes acceder desde aquí:

https://redirectoronline.com/ctrt00030202

✖ APLICACIÓN PRÁCTICA

Alberto es el director de un reconocido hotel en Sevilla. Recientemente se han publicado subvenciones que ayudan a empresas a cambio de un compromiso medioambiental y necesita entre otros calcular la huella de carbono de su hotel.

¿Puedes ayudar a Alberto con este cálculo, teniendo en cuenta sus datos de consumo, que son los que siguen?

- **320.000 kWh de electricidad al año**
- **150.000 l de diésel al año**

Solución

El cálculo total de ambos consumos, teniendo en cuenta que el factor de emisión para electricidad es 0,5 kg CO_2e/kWh y el factor de emisión para diésel: 2,68 kg CO_2e/l es de 722,8 toneladas de CO_2.

- -

2.4. Identificación de las externalidades negativas, especialmente medioambientales, que produce una empresa

Podemos definir las **externalidades** como aquellos efectos secundarios resultantes de las actividades de una persona o empresa que no son asumidos por el agente que los genera. Estos efectos, que pueden ser tanto positivos como negativos, repercuten en terceros, sin que estos reciban compensación ni asuman el costo de dichos efectos.

Las **externalidades negativas** son aquellas consecuencias de realizar cualquier actividad que cause daño a la sociedad y no esté incluidas en los costes de la actividad. Aunque estos conceptos se abordan principalmente en el ámbito económico, pueden extrapolarse a cualquier aspecto de la vida cotidiana.

En el ámbito medioambiental, las externalidades negativas pueden tener efectos devastadores en los recursos naturales y los ecosistemas, y provocar daños irreversibles. A continuación, se presentan algunos **ejemplos** de cómo estas externalidades afectan el medioambiente:

- **Contaminación.** La contaminación es una de las externalidades negativas más significativas. Consiste en la liberación de sustancias nocivas al medioambiente, lo cual afecta el aire, el agua y el suelo (por ejemplo, plantas industriales que emiten contaminantes atmosféricos y fábricas que vierten aguas residuales en cuerpos de agua). Los costos de remediar la contaminación no se reflejan en el precio de los bienes o servicios producidos, lo cual causa un impacto indirecto en el medioambiente.
- **Deforestación.** La deforestación, que ocurre cuando se talan árboles para usos agrícolas o desarrollo urbano, es otro ejemplo. Esta práctica provoca erosión del suelo, pérdida de hábitat para la fauna y reducción en la absorción de dióxido de carbono. Los costos de la reforestación no están incluidos en el precio de la tierra, lo que provoca un efecto adverso indirecto en el medioambiente.
- **Cambio climático.** El cambio climático, causado por la liberación de gases de efecto invernadero como el dióxido de carbono, es una externalidad negativa que impacta a nivel global. Los costos asociados al cambio climático, como el aumento del nivel del mar, fenómenos meteorológicos extremos y pérdida de biodiversidad, no se reflejan en el precio de los bienes y servicios, lo cual causa un impacto indirecto en el medioambiente.

Las externalidades negativas tienen efectos graves, a menudo irreversibles, en el medioambiente y es fundamental considerarlas al tomar decisiones económicas. El impacto indirecto de estas externalidades puede resultar en la degradación de recursos naturales y ecosistemas. Por ello, es crucial encontrar maneras de internalizar los costos asociados a estas externalidades para mitigar su impacto en el medioambiente.

3. Identificación de fuentes de información y de buenas prácticas a través de diversas fuentes de economía circular en las empresas en general y en sectores en particular

👉 **HILO CONDUCTOR**

Para obtener inspiración y conocimientos, EcoSportive buscará diversas fuentes de información sobre buenas prácticas en economía circular, abarcando tanto el ámbito general como específico del sector textil. Los premios de economía

Continúa en página siguiente >>

<< Viene de página anterior

circular y los documentos e informes proporcionados por el ministerio pueden servir como ejemplos exitosos y guías prácticas valiosas.

La identificación de fuentes de información y de buenas prácticas es crucial para que las empresas puedan implementar con éxito los principios de la economía circular. Existen varias fuentes que pueden proporcionar valiosa información y ejemplos prácticos tanto a nivel general como en sectores específicos. Al explorar estas fuentes, las empresas pueden adquirir una comprensión más profunda de cómo aplicar los principios de la economía circular en sus operaciones y contribuir a un desarrollo más sostenible.

 **VÍDEO**

Si quieres conocer un breve resumen de la jornada de intercambio de buenas prácticas en economía circular, puedes ver un vídeo sobre ello, accediendo desde aquí:

https://redirectoronline.com/ctrt00030203

3.1. Premios de economía circular

Los premios de economía circular son reconocimientos otorgados a empresas y organizaciones que han sobresalido en la adopción y promoción de prácticas sostenibles y circulares. Estos galardones no solo celebran los logros de estas entidades, sino que también proporcionan valiosos casos de éxito que pueden inspirar y guiar a otras empresas en su camino hacia la sostenibilidad. A continuación, se detallan algunos aspectos importantes y ejemplos de estos premios:

Reconocimiento y visibilidad
Los premios destacan a las empresas y organizaciones que han implementado con éxito modelos de negocio circulares, dándoles visibilidad y reconocimiento público.

Promoción de buenas prácticas
Al compartir historias de éxito, estos premios fomentan la adopción de prácticas sostenibles y circulares en otras empresas e industrias.

Inspiración y educación
Los casos de éxito sirven como ejemplos prácticos de cómo integrar la economía circular en diversos sectores, proporcionando ideas y estrategias que otras empresas pueden adaptar y aplicar.

Impulso a la innovación
Al premiar la innovación en sostenibilidad, estos galardones incentivan a las empresas a desarrollar soluciones creativas y eficaces para los desafíos medioambientales.

SABÍAS QUE...

La empresa IKEA fue premiada por su enfoque en la reutilización de materiales y la reducción de residuos. Las iniciativas de IKEA en la economía circular incluyen programas de recompra y reciclaje de muebles.

ACTIVIDAD COMPLEMENTARIA

2. Investiga en fuentes externas ejemplos de premios de economía circular. Realiza un pequeño resumen con los datos obtenidos.

3.2. Documentos e informes del Ministerio

Los documentos e informes emitidos por el Ministerio son recursos valiosos que proporcionan información detallada sobre políticas, estrategias y buenas prácticas en economía circular. Estos recursos están diseñados para guiar a las empresas, organizaciones y ciudadanos en la transición hacia modelos de negocio más sostenibles y responsables.

Los diferentes tipos de documentos e informes son:

- **Estrategias nacionales de economía circular.** Estos documentos delinean la visión y los objetivos del país en relación con la economía circular. Incluyen planes de acción específicos, metas a largo plazo y políticas gubernamentales que apoyan la transición hacia una economía más circular.
- **Guías y manuales de buenas prácticas.** Publicaciones que ofrecen ejemplos concretos y directrices prácticas para implementar principios de economía circular en diferentes sectores industriales. Estas guías suelen incluir estudios de caso, metodologías y herramientas para facilitar la adopción de prácticas sostenibles.
- **Informes de progreso y evaluaciones.** Informes periódicos que evalúan el progreso del país en la implementación de estrategias de economía circular. Estos documentos proporcionan datos y análisis sobre el impacto de las políticas adoptadas, identificando áreas de éxito y oportunidades de mejora.
- **Estudios de impacto ambiental y socioeconómico.** Análisis detallados que evalúan los beneficios ambientales y económicos de adoptar prácticas de economía circular. Estos estudios ayudan a demostrar el valor tangible de la economía circular para las empresas y la sociedad en general.
- **Publicaciones sobre innovación y tecnología.** Documentos que destacan las innovaciones tecnológicas y los desarrollos científicos que facilitan la transición hacia una economía circular. Estos informes suelen enfocarse en nuevas tecnologías de reciclaje, producción sostenible y eficiencia de recursos.

 **EJEMPLO**

La Estrategia Española de Economía Circular (España Circular 2030) es un documento clave que establece la hoja de ruta para transformar la economía española hacia un modelo más circular y sostenible. Incluye objetivos específicos y medidas para promover la reutilización, el reciclaje y la reducción de residuos.

APLICACIÓN PRÁCTICA

Pablo no tiene muy claro dónde podría documentarse acerca de los principios de economía circular en su empresa. Le han aconsejado que acceda a la información del ministerio, pero no sabe muy bien a qué documento dirigirse.

¿Podrías ayudar a Pablo a escoger un documento proporcionado por el Ministerio que le resuelva sus dudas?

Solución

La combinación de directrices prácticas y estudios de caso específicos para múltiples industrias caracteriza a las guías y manuales de buenas prácticas, haciendo que esta publicación se alinee con ese tipo de documento.

---

4. Establecimiento de los objetivos que quiere conseguir la empresa para ser más sostenible y circular

HILO CONDUCTOR

EcoSportive establece objetivos claros para ser más sostenible y circular: reducir residuos, usar materiales reciclados y disminuir emisiones. Lograremos esto implementando prácticas específicas en toda la empresa, con la colaboración activa de cada departamento.

Establecer objetivos para que una empresa sea más sostenible y circular es un proceso integral que implica definir metas claras, estrategias para alcanzarlas, y determinar las acciones y responsabilidades necesarias.

4.1. Qué quiere conseguir

Definir metas generales en el contexto de la sostenibilidad y la economía circular implica establecer objetivos claros y medibles que orienten a la empresa hacia prácticas más responsables con el medioambiente y eficientes en el uso de recursos.

A continuación, se detalla cómo una empresa puede abordar este proceso:

- ➲ **Reducción de residuos.** Minimizar los desechos generados durante todas las etapas de producción mediante la adopción de procesos más eficientes y el reciclaje de materiales.
- ➲ **Uso de materiales reciclados.** Incrementar el uso de materiales reciclados en los productos y operaciones, y promover la reutilización de recursos.
- ➲ **Disminución de emisiones de carbono.** Reducir la huella de carbono de la empresa a través de la optimización energética y el uso de fuentes de energía renovable.
- ➲ **Ahorro de recursos naturales.** Implementar tecnologías y procesos que reduzcan el consumo de agua y otros recursos en las operaciones empresariales.
- ➲ **Sustitución de sustancias tóxicas.** Eliminar o reducir el uso de químicos y sustancias nocivas en los procesos de producción y operaciones diarias.

En la reducción de residuos podríamos incluir promover el diseño de productos que optimicen el uso de materiales y sean fácilmente reciclables o biodegradables.

TAREA 2

Lucía es la responsable de calidad y medioambiente en una empresa dedicada a la fabricación de productos electrónicos. La empresa está comprometida con la mejora de su desempeño ambiental y la adopción de prácticas más sostenibles y circulares. Como parte de su rol, Lucía debe establecer objetivos claros que impulsen estas metas dentro de la organización.

Ayuda a Lucia a preparar una presentación detallada para la alta dirección de tu empresa, en la cual propongas los objetivos que consideras cruciales para avanzar hacia la sostenibilidad y economía circular donde proponga al menos tres objetivos específicos y cuantificables que la empresa debería alcanzar para mejorar su desempeño ambiental y avanzar hacia la circularidad. Estos objetivos deben estar alineados con la estrategia global de la empresa y ser medibles para evaluar su éxito.

Explica además por qué ha seleccionado estos objetivos específicos. ¿Cómo contribuirán a reducir el impacto ambiental de la empresa y fomentar prácticas más sostenibles? ¿Qué beneficios traerán tanto a nivel ambiental como empresarial?

4.2. Cómo lo va a lograr

Para lograr los objetivos de sostenibilidad y economía circular, una empresa puede implementar diversas estrategias y acciones específicas. Aquí se detallan algunas de las formas en que una empresa puede abordar este desafío:

- **Adopción de tecnología verde:** incorporar tecnologías y prácticas de producción que sean ambientalmente amigables, como la eficiencia energética y el uso de energías renovables.
- **Optimización de procesos:** revisar y optimizar los procesos de producción y operaciones para aumentar la eficiencia y reducir el desperdicio.
- **Innovación en diseño:** diseñar productos con un ciclo de vida más largo y que sean más fáciles de reciclar o reutilizar.
- **Educación y capacitación:** formar a los empleados en prácticas sostenibles y fomentar una cultura empresarial orientada hacia la sostenibilidad.
- **Colaboración con proveedores:** trabajar con proveedores que también sigan prácticas sostenibles y circulares.

4.3. Qué acciones va a poner en marcha

Para implementar eficazmente la sostenibilidad y la economía circular en una empresa, es crucial definir y ejecutar una serie de acciones concretas. Aquí se detallan algunas **acciones** clave que una empresa puede poner en marcha:

- **Auditorías ambientales.** Realizar auditorías periódicas para evaluar el impacto ambiental de la empresa y encontrar áreas de mejora.
- **Programa de reciclaje interno.** Implementar un programa de reciclaje dentro de la empresa para manejar los desechos generados en las operaciones.
- **Certificaciones y normas.** Obtener certificaciones de sostenibilidad reconocidas, como ISO 14001, para demostrar el compromiso de la empresa con el medioambiente.
- **Campañas de sensibilización.** Desarrollar campañas internas y externas para sensibilizar sobre la importancia de la sostenibilidad.
- **Inversión en I+D.** Invertir en investigación y desarrollo para encontrar nuevas formas de realizar operaciones de manera sostenible.

Implementar estas acciones no solo contribuye a reducir el impacto ambiental de la empresa, sino que también puede generar beneficios económicos a largo plazo, mejorar la reputación de la marca y fortalecer las relaciones con los clientes, empleados y otras partes interesadas. Es fundamental que las acciones estén alineadas con la visión y los valores de sostenibilidad de la empresa para lograr resultados efectivos y sostenibles a largo plazo.

NOTA

Es importante fomentar la innovación continua para desarrollar soluciones más sostenibles y eficientes desde el punto de vista ambiental.

4.4. Quién va a estar involucrado

Involucrar a las partes interesadas adecuadas es crucial para el éxito de cualquier iniciativa de sostenibilidad y economía circular en una empresa. Estas partes deberán incluir:

- **Alta dirección y gerencia.** La alta dirección y los gerentes juegan un papel fundamental en la definición de la visión estratégica y los objetivos de sostenibilidad de la empresa. El compromiso y el liderazgo de la dirección son esenciales para alinear todas las operaciones y decisiones con los principios de sostenibilidad.
- **Departamentos funcionales.** Cada departamento funcional, como producción, logística, compras, recursos humanos y *marketing,* debe participar activamente en la implementación de prácticas sostenibles en sus respectivas áreas. Esto implica integrar principios de economía circular en los procesos operativos diarios y asegurar el cumplimiento de los estándares ambientales.
- **Equipo de sostenibilidad y medioambiente.** Un equipo dedicado a la sostenibilidad y medioambiente puede ser designado para liderar y coordinar las iniciativas de sostenibilidad. Este equipo se encarga de desarrollar estrategias, monitorear el desempeño ambiental, implementar proyectos específicos y comunicar los resultados a todas las partes interesadas.
- **Empleados y personal operativo.** Todos los empleados tienen un papel importante en la adopción de prácticas sostenibles en el lugar de trabajo. Desde la conservación de recursos hasta el manejo adecuado de residuos, la participación del personal operativo es crucial para implementar eficazmente las políticas de sostenibilidad.
- **Proveedores y socios comerciales.** Colaborar con proveedores y socios comerciales comprometidos con la sostenibilidad es fundamental para reducir el impacto ambiental en toda la cadena de suministro. Establecer criterios de sostenibilidad y realizar auditorías periódicas ayudará a garantizar que las prácticas sostenibles se extiendan más allá de las operaciones internas de la empresa.
- **Clientes y consumidores.** Educando y sensibilizando a los clientes sobre los beneficios de los productos sostenibles y circulares, las empresas pueden influir positivamente en las decisiones de compra y fomentar un consumo más consciente. La retroalimentación de los clientes también puede guiar la mejora continua en el desarrollo de productos sostenibles.
- **Comunidad y *stakeholders* externos.** Involucrar a la comunidad local y a otras partes interesadas externas, como organizaciones no gubernamentales, instituciones académicas y autoridades reguladoras, puede proporcionar apoyo adicional y validar las iniciativas de sostenibilidad de la empresa. Esto ayuda a construir relaciones sólidas y a promover la aceptación social de las prácticas sostenibles.

Incluir a todas estas partes asegura una implementación integral y efectiva de estrategias de sostenibilidad y economía circular. Además, fomenta un compromiso colectivo hacia la protección del medioambiente y la creación de valor compartido a largo plazo.

5. Elaboración del plan financiero

☞ **HILO CONDUCTOR**

En el camino hacia la sostenibilidad, EcoSportive deberá desarrollar un plan financiero que identifique las inversiones necesarias, estime los costes asociados y busque fuentes de financiación adecuadas. Este plan asegurará la viabilidad económica de las acciones para implementar prácticas sostenibles en toda la cadena de valor.

- -

Para establecer un plan de responsabilidad medioambiental, es crucial identificar las acciones que requerirán inversiones. Esto implica determinar las áreas de la operación que necesitan modificaciones o mejoras ambientales, como la adquisición de tecnologías limpias, la implementación de procesos de reciclaje avanzados o la instalación de sistemas de gestión de residuos.

5.1. Identificación de las acciones previstas que requieren de inversiones

La identificación de las acciones que requieren inversiones dentro de un plan de responsabilidad medioambiental es un proceso fundamental para cualquier empresa comprometida con la sostenibilidad.

Algunas **áreas** clave donde las inversiones suelen ser necesarias son:

- ➲ **Tecnologías limpias y eficiencia energética.** Adoptar tecnologías más limpias y eficientes energéticamente es fundamental para reducir el impacto ambiental. Esto puede incluir la instalación de equipos más eficientes, como sistemas de iluminación LED, maquinaria que reduce el consumo de agua y energía, o la implementación de energías renovables como paneles solares o turbinas eólicas.
- ➲ **Gestión de residuos y reciclaje.** Mejorar los procesos de gestión de residuos es clave para minimizar el impacto ambiental. Esto puede implicar la inversión en equipos de reciclaje avanzados, la implementación de sistemas de segregación de residuos en la fuente o la colaboración con empresas especializadas en el reciclaje de materiales específicos.
- ➲ **Certificaciones y auditorías ambientales.** Obtener certificaciones ambientales reconocidas internacionalmente y realizar auditorías periódicas puede requerir inversiones significativas. Sin embargo, estas

certificaciones no solo validan el compromiso ambiental de la empresa, sino que también pueden abrir nuevas oportunidades de mercado y mejorar la reputación corporativa.

⮞ **Capacitación y sensibilización del personal.** Invertir en la capacitación y sensibilización del personal en temas ambientales es esencial para asegurar la adopción efectiva de prácticas sostenibles en toda la organización. Esto puede incluir programas de formación sobre prácticas ambientales, seguridad y manejo de productos químicos, entre otros.

⮞ **Investigación y desarrollo (I+D).** La investigación y el desarrollo de nuevas tecnologías y procesos que minimicen el impacto ambiental también requieren inversión. Esto puede implicar colaboraciones con universidades o centros de investigación para desarrollar productos más sostenibles o mejorar la eficiencia de los procesos productivos.

⮞ **Evaluación y monitorización continua.** Implementar sistemas de monitorización ambiental y establecer programas de evaluación continua para medir el desempeño ambiental de la empresa también puede requerir inversiones en tecnología y recursos humanos especializados.

La identificación de las acciones que requieren inversiones dentro de un plan de responsabilidad medioambiental debe considerar no solo el costo inicial de implementación, sino también los beneficios a largo plazo en términos de eficiencia operativa, cumplimiento normativo, reducción de costos y mejora de la reputación corporativa. Es crucial para las empresas integrar estos aspectos dentro de su estrategia financiera global para asegurar un desarrollo sostenible y responsable.

5.2. Estimación de costes

La estimación de costes es un paso crítico en la elaboración de un plan financiero para implementar un plan de responsabilidad medioambiental. Este proceso implica determinar de manera precisa y detallada los gastos asociados a las diversas acciones y proyectos que la empresa planea llevar a cabo para mejorar su sostenibilidad.

Algunos **aspectos clave** que considerar son los siguientes:

⮞ **Identificación de costes directos e indirectos.** Los costes directos incluyen aquellos gastos que se pueden asociar directamente a las actividades del plan medioambiental, como la compra de equipos de energía renovable, la instalación de sistemas de reciclaje o la contratación de consultores especializados. Los costes indirectos, por otro lado, pueden incluir la formación del personal, la modificación de procesos internos y la implementación de sistemas de monitoreo y reporte.

- **Análisis de costes a corto y largo plazo.** Es importante distinguir entre los costes en que se incurrirá inmediatamente y aquellos que se distribuirán a lo largo del tiempo. Por ejemplo, la inversión inicial en tecnología verde puede ser alta, pero los ahorros en costos operativos y las mejoras en eficiencia pueden generar beneficios a largo plazo.
- **Desglose de costes por proyectos.** Cada acción prevista debe tener un desglose detallado de costes. Por ejemplo, si una empresa planea reducir su huella de carbono, los costes podrían incluir la compra de certificados de energía renovable, la inversión en vehículos eléctricos y la implementación de programas de eficiencia energética en las instalaciones.
- **Incorporación de contingencias.** Siempre es prudente incluir un margen de contingencia en la estimación de costes para cubrir imprevistos o variaciones en los precios. Esto ayuda a asegurar que el presupuesto del proyecto no se vea comprometido por cambios inesperados en el mercado o en las condiciones de implementación.
- **Evaluación de costes vs beneficios.** Al estimar los costes, también es útil realizar un análisis de costes vs beneficios para justificar las inversiones. Esto puede incluir la evaluación de los beneficios ambientales, como la reducción de emisiones, así como los beneficios económicos, la reducción de costes operativos y la mejora de la reputación corporativa.
- **Consultoría y asesoramiento especializado.** En muchos casos, puede ser beneficioso contar con la asesoría de consultores especializados en sostenibilidad y finanzas para asegurar que la estimación de costes sea realista y completa. Estos expertos pueden ayudar a identificar todas las áreas de gasto y proporcionar orientación sobre la mejor manera de optimizar los recursos.

La estimación de costes es un proceso detallado y meticuloso que requiere considerar múltiples factores para asegurar que el plan de responsabilidad medioambiental sea financieramente viable y eficaz. Una estimación precisa y completa de los costes permitirá a la empresa planificar adecuadamente sus inversiones y maximizar los beneficios tanto ambientales como económicos.

5.3. Búsqueda de fuentes de financiación

La búsqueda de fuentes de financiación es un paso fundamental en la elaboración de un plan financiero para implementar un plan de responsabilidad medioambiental.

A continuación, se detallan algunas **estrategias y opciones** para obtener los fondos necesarios:

- **Subvenciones y fondos gubernamentales.** Muchos gobiernos ofrecen subvenciones y fondos específicos para iniciativas de sostenibilidad y medioambiente. Investigar y aplicar a estos programas puede proporcionar financiamiento no reembolsable para proyectos verdes.
- **Préstamos verdes.** Algunas instituciones financieras ofrecen préstamos con condiciones favorables para proyectos sostenibles. Estos préstamos verdes pueden tener tasas de interés más bajas y plazos de pago flexibles para apoyar inversiones en tecnología ecológica y eficiencia energética.
- **Inversiones de capital.** Las empresas pueden buscar inversores interesados en proyectos sostenibles. Fondos de inversión y capital de riesgo centrados en sostenibilidad están en auge y pueden proporcionar los recursos necesarios para grandes proyectos de responsabilidad medioambiental.
- **Bonos verdes.** Emitir bonos verdes es una forma efectiva de recaudar fondos para proyectos específicos de sostenibilidad. Estos bonos son atractivos para los inversores interesados en apoyar iniciativas ambientales y suelen tener una estructura financiera similar a los bonos tradicionales.
- **Colaboraciones y alianzas estratégicas.** Formar alianzas con otras empresas, ONG y entidades gubernamentales puede abrir oportunidades de financiación conjunta. Las colaboraciones pueden incluir el cofinanciamiento de proyectos y el acceso a recursos compartidos.
- **Programas de responsabilidad social corporativa (RSC).** Internamente, las empresas pueden destinar parte de sus presupuestos de RSC a proyectos de sostenibilidad. Esto no solo financia las iniciativas medioambientales, sino que también mejora la imagen corporativa y el compromiso con la comunidad.
- *Crowdfunding.* Las plataformas de *crowdfunding* permiten a las empresas recaudar fondos directamente del público para proyectos específicos. Esta estrategia puede ser efectiva para proyectos con un fuerte componente social y medioambiental que atraiga a pequeños inversores interesados en apoyar causas verdes.
- **Fondos de innovación y sostenibilidad.** Muchas organizaciones internacionales y fundaciones privadas ofrecen fondos dedicados a la innovación y la sostenibilidad. Estos fondos suelen estar destinados a proyectos que promuevan nuevas tecnologías y prácticas sostenibles.

- ⮞ **Incentivos fiscales.** Investigar y aprovechar los incentivos fiscales ofrecidos por gobiernos locales y nacionales para proyectos sostenibles puede reducir significativamente los costos y liberar fondos para reinvertir en otras áreas del proyecto.
- ⮞ **Reinversión de ahorros.** Las empresas pueden utilizar los ahorros generados por otras iniciativas de eficiencia (como la reducción de costos operativos a través de la eficiencia energética) para financiar nuevos proyectos de sostenibilidad.

NOTA

La búsqueda de fuentes de financiación es un proceso multifacético que requiere explorar diversas opciones para asegurar los fondos necesarios para implementar un plan de responsabilidad medioambiental. Utilizar una combinación de estas estrategias puede maximizar las oportunidades de financiamiento y permitir que las empresas avancen en sus objetivos de sostenibilidad.

6. Elaboración del plan de formación

☞ HILO CONDUCTOR

Para avanzar en sostenibilidad, EcoSportive debe elaborar un plan de formación que identifique los puestos clave que requieren capacitación en prácticas sostenibles y buscar acciones formativas adecuadas para asegurar una implementación efectiva de sus objetivos ambientales.

Elaborar un plan de formación es fundamental para capacitar al personal en prácticas sostenibles y asegurar la transición hacia un modelo de economía circular. Este plan debe comenzar con la identificación de los puestos de trabajo que requieren una formación específica en sostenibilidad. Posteriormente, se deben buscar y seleccionar las acciones formativas más adecuadas, como cursos, talleres y seminarios, que brinden al personal las habilidades y conocimientos necesarios. La implementación de este plan no solo mejorará las competencias del equipo, sino que también garantizará que la empresa esté alineada con sus objetivos ambientales y contribuya de manera significativa a la sostenibilidad.

6.1. Identificación de los puestos de trabajo a los que sería más necesario formar en ámbitos vinculados con la sostenibilidad

La identificación de los puestos de trabajo que requieren formación en sostenibilidad es un paso crucial en el desarrollo de un plan de formación efectivo.

Algunos **puestos clave** que considerar son:

- **Puestos directivos.** Los líderes y gerentes deben comprender los principios de sostenibilidad para poder integrarlos en la estrategia general de la empresa y tomar decisiones informadas que promuevan prácticas sostenibles.
- **Departamento de producción.** Es esencial formar al personal de producción en técnicas y procesos sostenibles, como la reducción de residuos, la eficiencia energética y el uso de materiales reciclados.
- **Equipo de compras y suministros.** Estos profesionales deben estar capacitados en la selección de proveedores sostenibles y en la adquisición de materiales que minimicen el impacto ambiental.
- **Departamento de *marketing* y ventas.** La formación en sostenibilidad permitirá a este equipo comunicar eficazmente los esfuerzos y logros sostenibles de la empresa a los clientes y otras partes interesadas.
- **Personal de I+D (investigación y desarrollo).** La capacitación en sostenibilidad puede inspirar innovaciones que reduzcan el impacto ambiental de los productos y procesos de la empresa.
- **Recursos humanos.** Este departamento puede desempeñar un papel clave en la incorporación de prácticas sostenibles en las políticas y cultura de la empresa, y en la organización de programas de formación continua en sostenibilidad.
- **Departamento de logística.** La formación puede enfocarse en optimizar las rutas de transporte, implementar prácticas de embalaje sostenible y reducir las emisiones de carbono asociadas con la distribución de productos.

Al identificar y capacitar estos puestos clave, la empresa puede asegurar que cada área de operación contribuye de manera efectiva a sus objetivos de sostenibilidad.

6.2. Búsqueda de acciones formativas

La búsqueda de acciones formativas es un componente fundamental del plan de formación en sostenibilidad. A continuación, se presentan algunos pasos y estrategias para llevar a cabo este proceso de manera efectiva:

- **Evaluación de necesidades de capacitación.** Analizar las necesidades específicas de formación en sostenibilidad de cada puesto identificado. Esto puede incluir encuestas internas, entrevistas con empleados y evaluaciones de desempeño.
- **Investigación de proveedores de formación.** Identificar instituciones educativas, organizaciones de capacitación y consultoras especializadas en sostenibilidad que ofrezcan cursos y programas relevantes. Buscar opciones tanto presenciales como en línea.
- **Colaboración con universidades y centros de investigación.** Establecer alianzas con universidades y centros de investigación que puedan proporcionar programas de formación especializados y actualizados en sostenibilidad y economía circular.
- **Certificaciones y programas acreditados.** Buscar programas de formación que ofrezcan certificaciones reconocidas en el campo de la sostenibilidad, como ISO 14001 (Gestión Ambiental), LEED (Liderazgo en Energía y Diseño Ambiental) y cursos ofrecidos por organizaciones como el GRI *(Global Reporting Initiative)*.
- **Desarrollo de programas internos.** Crear programas de formación internos personalizados, aprovechando el conocimiento y la experiencia de expertos dentro de la empresa. Esto puede incluir talleres, seminarios y programas de mentoría.
- **Utilización de recursos *online.*** Aprovechar plataformas de aprendizaje en línea y MOOC (cursos en línea masivos y abiertos), que ofrecen una amplia variedad de cursos en sostenibilidad, como *Coursera, edX* y *LinkedIn Learning.*
- **Participación en conferencias y seminarios.** Incentivar a los empleados a asistir a conferencias, seminarios y talleres sobre sostenibilidad y economía circular. Estos eventos ofrecen oportunidades para aprender de expertos, conocer las últimas tendencias y establecer contactos en la industria.
- **Programa de formación continua.** Establecer un programa de formación continua que asegure que los empleados reciban actualizaciones periódicas sobre nuevos desarrollos en sostenibilidad. Esto puede incluir módulos de formación anuales o bianuales.
- **Medición y evaluación del impacto de la formación.** Implementar mecanismos para evaluar la efectividad de las acciones formativas, como encuestas de satisfacción, evaluaciones posformación y seguimiento del desempeño. Ajustar los programas según sea necesario para mejorar los resultados.

NOTA

Al seguir estos pasos, la empresa puede asegurar que sus empleados estén bien equipados con el conocimiento y las habilidades necesarias para avanzar en sus objetivos de sostenibilidad y economía circular.

7. Establecimiento de un cuadro de mando de indicadores con el que medir el desarrollo y la implementación del plan de responsabilidad medioambiental y economía circular

☞ **HILO CONDUCTOR**

Para asegurar un seguimiento eficaz del plan de responsabilidad medioambiental y economía circular, EcoSportive establecerá, como punto final, un cuadro de mando de indicadores. Este incluirá los tipos de indicadores vinculados a la sostenibilidad, la vinculación específica de estos con cada acción e iniciativa, y la definición de objetivos cuantificables.

El establecimiento de un cuadro de macho de indicadores es fundamental para medir el desarrollo y la implementación del plan de responsabilidad medioambiental y economía circular. Este cuadro de mando permite monitorear el progreso y evaluar el impacto de las iniciativas de sostenibilidad, asegurando que las emprendidas se alineen con los objetivos establecidos.

NOTA

Los tipos de indicadores pueden incluir métricas de eficiencia energética, reducción de emisiones de carbono, consumo de agua, gestión de residuos y otros aspectos relevantes para la sostenibilidad.

Al vincular estos indicadores con cada acción o iniciativa, la empresa puede definir objetivos cuantificables y realizar un seguimiento efectivo, lo cual facilita la toma de decisiones informadas y la mejora continua en su camino hacia una operación más sostenible y circular.

7.1. Tipos de indicadores que se pueden emplear vinculados con la sostenibilidad

Los tipos de indicadores que se pueden emplear vinculados con la sostenibilidad abarcan diversas áreas clave de desempeño (KPI) permite a la empresa medir su progreso y asegurar que sus acciones estén alineadas con sus objetivos de sostenibilidad y economía circular. Algunos de los más importantes son:

⊃ **KPI de eficiencia energética:**

- Consumo total de energía (kWh)
- Porcentaje de energía renovable utilizada
- Reducción de consumo energético año tras año

⊃ **KPI de emisiones de carbono:**

- Emisiones totales de CO_2 equivalente (tCO_2e)
- Emisiones por unidad de producción (tCO_2e/unidad)
- Reducción de emisiones respecto a un año base

⊃ **KPI de uso del agua:**

- Consumo total de agua (m^3)
- Consumo de agua por unidad de producción (m^3/unidad)
- Porcentaje de agua reciclada y reutilizada

⊃ **KPI de gestión de residuos:**

- Cantidad total de residuos generados (toneladas)
- Porcentaje de residuos reciclados
- Reducción de residuos enviados a vertederos

⊃ **KPI de materiales:**

- Uso de materiales reciclados en la producción
- Porcentaje de materiales sostenibles utilizados
- Reducción del desperdicio de materiales

➲ **KPI de impacto social:**

- ⟳ Número de empleos creados en iniciativas de sostenibilidad
- ⟳ Horas de formación en sostenibilidad proporcionadas a los empleados
- ⟳ Participación de la comunidad en programas de sostenibilidad

➲ **KPI de desempeño financiero:**

- ⟳ Ahorros generados por iniciativas de sostenibilidad
- ⟳ Retorno de inversión (ROI) de proyectos de sostenibilidad
- ⟳ Costes asociados a la implementación de prácticas sostenibles

Al establecer y monitorear estos KPI, la empresa puede asegurar que sus acciones están alineadas con sus objetivos de sostenibilidad y economía circular, permitiendo identificar áreas de mejora y comunicar sus logros a los *stakeholders*.

 VÍDEO

Visualiza un vídeo con el que puedes ampliar información sobre indicadores de sostenibilidad, accediendo desde aquí:

https://redirectoronline.com/ctrt00030204

 TAREA 3

Diego es el gerente de una empresa comprometida con la sostenibilidad y la eficiencia en el uso de recursos. Cada cuatro meses, Diego y su equipo calculan los KPI (indicadores clave de desempeño) relacionados con el consumo de

Continúa en página siguiente >>

<< Viene de página anterior

agua y energía. Esta práctica permite a la empresa monitorear su desempeño ambiental y detectar áreas de mejora. Ahora, Diego quiere expandir su análisis para incluir KPI de emisiones de carbono y uso del agua.

Ayuda a Diego a elaborar un plan en el que, una vez analizados los KPI, se detecten las zonas de mejora, se expongan los objetivos para ello y se justifiquen.

7.2. Vinculación de los indicadores con cada acción/iniciativa a llevar a cabo

La vinculación de los indicadores clave de desempeño (KPI) con cada acción o iniciativa es esencial para evaluar y monitorear efectivamente el progreso del plan de responsabilidad medioambiental y economía circular. Esta relación permite una gestión precisa y una evaluación continua de los resultados obtenidos. A continuación, se detalla cómo vincular los KPI con las acciones específicas de sostenibilidad:

⮑ **Definición de acciones claras y específicas:**

- ◑ **Acción:** implementar tecnologías de energía renovable en la producción.
- ◑ **KPI:** cantidad de energía renovable utilizada (medida en kWh) como porcentaje del total de energía consumida.
- ◑ **Objetivo:** aumentar el uso de energía renovable al 50 % en un año.

⮑ **Asignación de KPI relevantes:**

- ◑ **Acción:** reducir los residuos de producción mediante la mejora de la eficiencia del proceso.
- ◑ **KPI:** reducción de residuos sólidos (medida en toneladas) generados por unidad de producción.
- ◑ **Objetivo:** disminuir los residuos en un 30 % en seis meses.

⮑ **Monitoreo y evaluación continuos:**

- ◑ **Acción:** implementar un programa de reciclaje en la planta de producción.
- ◑ **KPI:** tasa de reciclaje (porcentaje de materiales reciclados versus totales desechados).
- ◑ **Objetivo:** alcanzar una tasa de reciclaje del 70 % en un año.

➲ **Involucrar a los *stakeholders* clave:**

  ↻ **Acción:** formar a los empleados en prácticas sostenibles.
  ↻ **KPI:** número de empleados capacitados y nivel de competencia adquirido (medido mediante evaluaciones).
  ↻ **Objetivo:** formar a todo el personal en prácticas sostenibles dentro de los próximos 12 meses.

➲ **Evaluación del impacto económico y medioambiental:**

  ↻ **Acción:** optimizar el uso del agua en los procesos de producción.
  ↻ **KPI:** reducción en el consumo de agua (medido en litros por unidad de producción).
  ↻ **Objetivo:** reducir el consumo de agua en un 20 % en el primer año.

➲ **Revisión y ajuste de estrategias:**

  ↻ **Acción:** revisar y ajustar las políticas de compra para incluir criterios de sostenibilidad.
  ↻ **KPI:** porcentaje de proveedores que cumplen con los criterios de sostenibilidad.
  ↻ **Objetivo:** aumentar al 80 % el número de proveedores sostenibles en dos años.

En definitiva, la vinculación de los KPI con cada acción de sostenibilidad es fundamental para el éxito de un plan de responsabilidad medioambiental y economía circular. Este enfoque asegura que los esfuerzos estén alineados con los objetivos estratégicos, permite un seguimiento efectivo del progreso y facilita la toma de decisiones informada para ajustar y mejorar continuamente las estrategias implementadas.

7.3. Definición de objetivos cuantificables

Los objetivos cuantificables son metas específicas y medibles que una empresa establece para evaluar su progreso hacia la sostenibilidad y la economía circular. Estos objetivos proporcionan claridad y dirección, y permiten a la empresa monitorear de manera efectiva el impacto de sus acciones y ajustar estrategias según sea necesario. Algunos **ejemplos de objetivos cuantificables son:**

➲ **Reducción de emisiones de carbono.** Establecer un objetivo de reducción del 30 % en las emisiones de carbono para el año 2025, comparado con el nivel base de 2020.

- ⮑ **Eficiencia energética.** Lograr una mejora del 20 % en la eficiencia energética de las instalaciones de producción para finales del próximo año fiscal.
- ⮑ **Reciclaje de residuos.** Aumentar la tasa de reciclaje de residuos industriales al 70 % para el tercer trimestre del próximo año.
- ⮑ **Formación en sostenibilidad.** Capacitar a todos los empleados en prácticas sostenibles y circularidad para el segundo semestre de este año.
- ⮑ **Reducción del consumo de agua.** Reducir el consumo de agua en los procesos de producción en un 15 % durante el próximo año calendario.

Estos objetivos no solo guían las acciones de la empresa hacia un modelo más sostenible, sino que también permiten medir el progreso real hacia el cumplimiento de los compromisos ambientales y sociales establecidos. La definición clara de los objetivos cuantificables es fundamental para el éxito y la efectividad de cualquier estrategia de responsabilidad medioambiental y economía circular.

 ACTIVIDAD COMPLEMENTARIA

3. Investiga en fuentes externas acerca de objetivos cuantificables reales en empresas reales.

8. Resumen

La implementación de un plan de responsabilidad medioambiental y economía circular en una empresa inicia su transformación hacia la sostenibilidad con un riguroso diagnóstico empresarial y sectorial. Inicialmente, se realiza un diagnóstico empresarial y sectorial, que se divide en las siguientes partes:

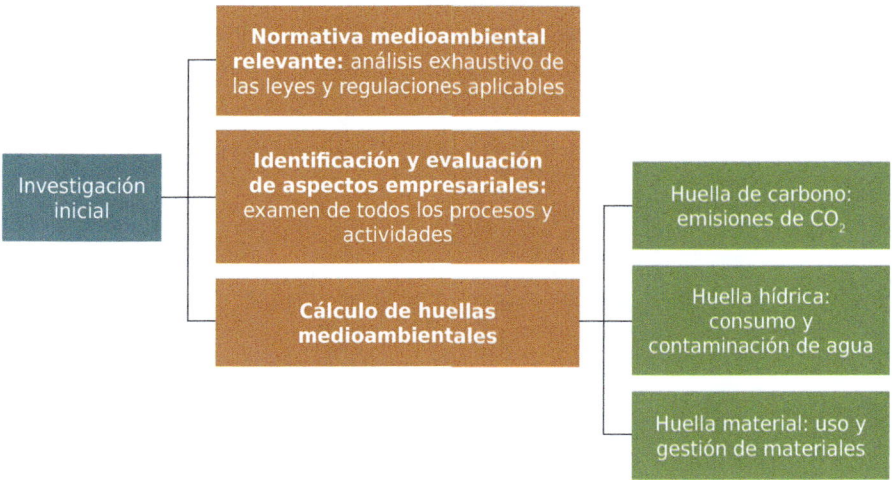

Las externalidades son los efectos secundarios resultantes de las actividades de una persona o empresa, los cuales no son asumidos por el agente que los genera. Pueden ser positivos o negativos. Las externalidades negativas son las consecuencias de realizar cualquier actividad que cause daño a la sociedad y no estén incluidas en los costes de esa actividad.

Algunos ejemplos son:

La identificación de fuentes de información y de buenas prácticas es crucial para que las empresas puedan implementar con éxito los principios de la economía circular. Algunas de estas buenas prácticas son:

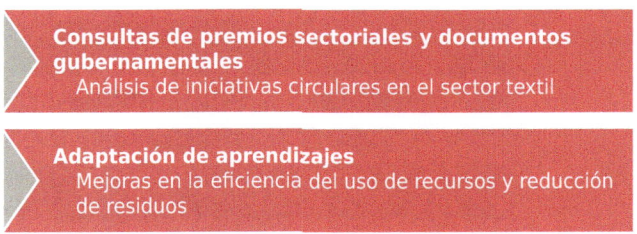

Otra de las fases que tener en cuenta es la de definición de objetivos y metas:

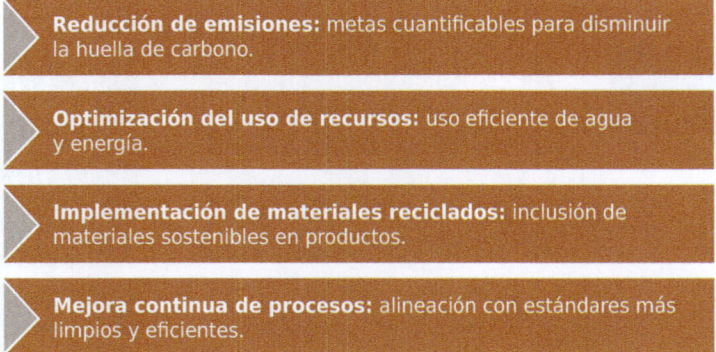

Reducción de emisiones: metas cuantificables para disminuir la huella de carbono.

Optimización del uso de recursos: uso eficiente de agua y energía.

Implementación de materiales reciclados: inclusión de materiales sostenibles en productos.

Mejora continua de procesos: alineación con estándares más limpios y eficientes.

Otro punto importante para la elaboración del plan es la elaboración de un plan financiero, que incluye la identificación de las acciones que requieren inversión, estimación de costos y búsqueda de fuentes de financiación. Algunos de los aspectos más importantes para elaborar el plan financiero son:

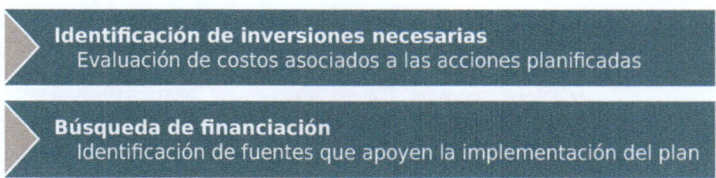

Identificación de inversiones necesarias
Evaluación de costos asociados a las acciones planificadas

Búsqueda de financiación
Identificación de fuentes que apoyen la implementación del plan

Algunos de los beneficios de esta implantación son:

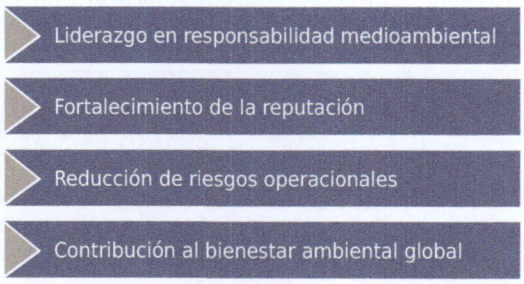

Liderazgo en responsabilidad medioambiental

Fortalecimiento de la reputación

Reducción de riesgos operacionales

Contribución al bienestar ambiental global

Este enfoque integral no solo posiciona a la empresa como un líder en responsabilidad medioambiental dentro de su sector, sino que también fortalece su reputación, reduce riesgos operacionales y contribuye positivamente al bienestar ambiental global.

Ejercicios de autoevaluación
Unidad de Aprendizaje 2

1. **¿Qué se evalúa en los estudios de impacto ambiental y socioeconómico?**

   a. El cumplimiento legal de la empresa.
   b. El impacto ambiental de las actividades empresariales.
   c. La gestión de riesgos asociados a las operaciones.
   d. Las oportunidades de negocio derivadas de la sostenibilidad.

2. **Indica si la siguiente oración es verdadera o falsa: "La evaluación de externalidades negativas incluye la identificación y cuantificación de impactos ambientales y sociales indirectos causados por las actividades empresariales".**

   ■ Verdadero
   ■ Falso

3. **El cálculo de la huella de carbono según el alcance 3 indica...**

   a. ... emisiones directas de fuentes controladas por la empresa.
   b. ... emisiones indirectas de la generación de electricidad comprada.
   c. ... otras emisiones indirectas a lo largo de la cadena de valor.
   d. ... emisiones de gases de efecto invernadero en la producción.

4. **¿Qué se logra con los premios de economía circular?**

   a. Fomentar la innovación tecnológica en las empresas.
   b. Reconocer y promover prácticas sostenibles en las empresas.
   c. Analizar el progreso de las estrategias de economía circular.
   d. Establecer objetivos y metas a largo plazo para las empresas.

5. **Indica si la siguiente afirmación es verdadera o falsa: "Para calcular la huella de carbono de una empresa, es necesario recolectar datos sobre el consumo de energía, viajes de negocios y emisiones de procesos industriales, entre otros, para luego convertir estos datos en emisiones utilizando factores de emisión adecuados".**

   ■ Verdadero
   ■ Falso

6. **¿Qué acción puede contribuir significativamente a la reducción de la huella de carbono de una empresa?**

   a. Implementar un programa de reciclaje interno.
   b. Obtener certificaciones de sostenibilidad.
   c. Invertir en I+D para desarrollar tecnologías limpias.
   d. Realizar auditorías ambientales periódicas.

7. **Una característica clave de las auditorías ambientales en una empresa es...**

   a. ... la evaluación de la satisfacción del cliente.
   b. ... la identificación de áreas de mejora ambiental.
   c. ... la implementación de tecnologías verdes.
   d. ... la reducción de costes operativos.

8. **¿Qué tipo de financiamiento es especialmente adecuado para proyectos de sostenibilidad que requieren inversión inicial alta?**

   a. Bonos verdes
   b. *Crowdfunding*
   c. Inversiones de capital
   d. Préstamos verdes

9. **Indica si la siguiente oración es verdadera o falsa: "La obtención de certificaciones de sostenibilidad, como ISO 14001, es un requisito legal obligatorio para todas las empresas".**

   ■ Verdadero
   ■ Falso

10. **¿Qué acción está directamente relacionada con la optimización de procesos en una empresa orientada hacia la sostenibilidad?**

    a. Implementar tecnologías limpias.
    b. Realizar auditorías ambientales.
    c. Innovar en el diseño de productos.
    d. Revisar y mejorar eficiencias operativas.

Glosario

Auditoría medioambiental (AMA)
Instrumento de gestión que comprende la evaluación sistemática, documentada, periódica y objetiva de la eficacia de la organización respecto a su sistema de gestión medioambiental y los procedimientos destinados a ello.

Benchmarking
Estudio detallado sobre los competidores de una empresa que implica analizar sus estrategias y mejores prácticas para identificar oportunidades y amenazas en el mercado.

Biodiversidad
Pluralidad de especies animales y vegetales de un ecosistema.

Cambio climático
Aumento de las temperaturas globales debido a la acumulación de gases de efecto invernadero en la atmósfera, principalmente causada por la quema de combustibles fósiles y la deforestación.

Crowdfunding (financiación colectiva)
Forma de financiación en línea que permite obtener fondos sin necesidad de intermediarios financieros como bancos.

Deforestación
Eliminación o destrucción de bosques y áreas forestales, ya sea por la tala de árboles para obtener madera, la conversión de tierras forestales en otros usos como agricultura o urbanización, o por incendios forestales.

Economía circular
Representa la totalidad de emisiones de gases de efecto invernadero (GEI) que se producen, tanto directa como indirectamente, por personas, empresas, productos, eventos o regiones. Se expresa en términos de CO_2 equivalente.

Eficiencia energética
Capacidad de obtener los mejores resultados en cualquier actividad utilizando la menor cantidad posible de recursos energéticos.

EMAS *(Eco-Management and Audit Scheme)*
Es el Reglamento Comunitario de Ecogestión y Ecoauditoría.

Huella de carbono
Indicador ambiental que mide la totalidad de gases de efecto invernadero emitidos de forma directa o indirecta por un individuo, organización, evento o producto.

Huella hídrica
Medida del volumen total de agua utilizada directa o indirectamente para producir bienes o servicios a lo largo de todo el ciclo de vida de un producto o actividad. Incluye también el agua consumida.

Huella material
Cantidad total de materia prima extraída a nivel mundial, a lo largo de toda la cadena de suministro, para satisfacer la demanda de consumo final de una economía específica.

Impacto ecológico
Efecto que una determinada acción humana, ya sea directa o indirecta, produce sobre el medioambiente.

KPI *(Key Performance Indicator)*
Indicador de desempeño. Son métricas que ayudan a determinar el resultado o rentabilidad de determinadas acciones para saber si se están cumpliendo los objetivos marcados inicialmente.

Materia prima
Materiales o bienes de origen natural que se extraen y procesan para su utilización en actividades humanas.

Objetivos medioambientales
Los logros ambientales generales que la organización aspira alcanzar, basados en la política ambiental y los aspectos ambientales significativos. Siempre que sea posible, deben ser cuantificados.

Política medioambiental
Intenciones y la dirección general de una organización respecto de su comportamiento medioambiental, expuestas oficialmente por sus cuadros directivos, incluidos el cumplimiento de todos los requisitos legales aplica-

bles en materia de medioambiente y también el compromiso de mejorar de manera continua el comportamiento medioambiental.

Reforestación

Proceso de plantar árboles en áreas que han sido deforestadas o degradadas con el fin de restaurar la cubierta forestal y recuperar las funciones ecológicas del ecosistema.

Sistema de gestión medioambiental

Parte del sistema general de gestión que incluye la estructura organizativa, las actividades de planificación, las responsabilidades, las prácticas, los procedimientos, los procesos y los recursos para desarrollar, aplicar, alcanzar, revisar y mantener la política.

Sostenibilidad

Capacidad de satisfacer las necesidades presentes sin comprometer la capacidad de las futuras generaciones para satisfacer las suyas, equilibrando el bienestar ambiental, económico y social.

Bibliografía

Monografías

→ VALDÉS Fernández J. L., ALONSO García, M. C., CALSO Morales, N. y NOVO Soto, M.: *Guía para la aplicación de ISO 14001:2015*. Madrid: Aenor, 2016.

Guía práctica para iniciarse en la norma ISO 14001, así como para implementar y mantener el sistema de gestión basado en sus requisitos.

Textos electrónicos, bases de datos y programas informáticos

→ Documento del Ministerio para la Transición Ecológica y Reto Demográfico sobre la huella de carbono. Disponible en: https://www.miteco.gob.es/content/dam/miteco/es/cambio-climatico/temas/mitigacion-politicas-y-medidas/guia_huella_carbono_tcm30-479093.pdf

Documento del Ministerio para la Transición Ecológica y Reto Demográfico donde se detalla el cálculo de la huella de carbono.

→ Documento sobre el Plan de Acción de Economía Circular. Disponible en: https://www.miteco.gob.es/content/dam/miteco/es/calidad-y-evaluacion-ambiental/temas/economia-circular/plan_accion_eco_circular_def_nipo_tcm30-529618.pdf

Documento del Ministerio para la Transición Ecológica donde se detalla el plan de acción para llevar a cabo una economía circular.

→ Economía circular: definición, importancia y beneficios. Disponible en: https://www.europarl.europa.eu/topics/es/article/20151201STO05603/economia-circular-definicion-importancia-y-beneficios

Texto del Parlamento Europeo sobre principios de economía circular.

→ Manual de sensibilización medioambiental. Disponible en: https://www.juntadeandalucia.es/medioambiente/web/Bloques_Tematicos/Educacion_Y_Participacion_Ambiental/Educacion_Ambiental/Educam/Educam_II/Manual_Sensib_MA/manual_sensibilizacion_1.pdf

Manual de la Junta de Andalucía donde se exponen criterios para llevar a cabo la sensibilidad con y para el medioambiente.

Legislación y normativa

→ Ley 7/2022, de 8 de abril, de residuos y suelos contaminados para una economía circular.

→ Ley 26/2007, de 23 de octubre, de Responsabilidad Medioambiental.

→ Normas EN: aplicables en la Unión Europea.

→ Normas ISO: de alcance internacional.

→ Normas UNE: aplicables exclusivamente en España.